太姥文化研究资料丛刊书目

之一：太姥诗文集

之二：太姥石刻文书

之三：太姥族谱文献

之四：太姥民间文书

之五：太姥宫庙道俗

之六：太姥族群文献

之七：太姥史料汇释

之八：太姥档案文献

太姥族群文献

禄佳妮 严丹 胡舒扬 编著

福鼎文史·太姥文化研究资料丛刊

厦门大学出版社 国家一级出版社
全国百佳图书出版单位

图书在版编目(CIP)数据

太姥族群文献/禄佳妮,严丹,胡舒扬编著.—厦门:厦门大学出版社,2019.11
(福鼎文史·太姥文化研究资料丛刊)
ISBN 978-7-5615-7585-7

Ⅰ.①太⋯　Ⅱ.①禄⋯②严⋯③胡⋯　Ⅲ.①氏族谱系—研究—福鼎　Ⅳ.①K820.9

中国版本图书馆 CIP 数据核字(2019)第 185470 号

出 版 人	郑文礼
责任编辑	薛鹏志
封面设计	李嘉彬
技术编辑	朱 楷

出版发行　*厦门大学出版社*

社　　址	厦门市软件园二期望海路 39 号
邮政编码	361008
总　　机	0592-2181111　0592-2181406(传真)
营销中心	0592-2184458　0592-2181365
网　　址	http://www.xmupress.com
邮　　箱	xmup@xmupress.com
印　　刷	厦门市明亮彩印有限公司

开本　720 mm×1 000 mm　1/16
印张　10.75
插页　2
字数　200 千字
印数　1～3 000 册
版次　2019 年 11 月第 1 版
印次　2019 年 11 月第 1 次印刷
定价　54.00 元

厦门大学出版社
微信二维码

厦门大学出版社
微博二维码

本书如有印装质量问题请直接寄承印厂调换

福鼎市政协·福鼎文史

太姥文化研究资料丛刊

编委会

主　任：李绍美

副主任：丁一芸　曾庆游

成　员：赖百曲　陈世銮　高燕君　郑　坚
　　　　郑加胜

主　编：张先清

副主编：白荣敏　狄　民

总　序

太姥文化作为中国地域文化形态之一，具有十分丰富的文化内涵，值得深入考察。众所周知，要切实推进一种地域文化的研究，关键是必须打下坚实的资料基础。近人梁启超在谈到史料对于史学研究的重要性时，就曾形象地把史料喻为"史之组织细胞"，认为"史料不具或不确，则无复史之可言"。由此可见，资料对于学术研究而言，不啻清渠活水。脱离了扎实的资料搜集与整理工作，其研究则无异于无源之水，无本之木。因此，推动太姥文化研究的当务之急是充分挖掘太姥文化区的资料蕴藏，这也是我们编辑这套资料研究丛刊的主要原因。

毫无疑问，历经数千年积淀所形成的太姥文化研究资料是十分丰富多样的。大体而言，主要有如下三大类：首先是文书档案类资料，包括历代档案、方志文集、报刊文录、宗族谱牒、歌册笔记、碑铭图像、民间契约等。可以说，留存在福鼎地区的这一类别资料数量众多，有些还是相当稀见的珍品。其次是民族志记录资料。这部分资料主要指的是田野调查中所访谈到的各种文化现象的记录，诸如戏曲传说、民俗歌谣、信仰仪式、生产技艺等各种非物质文化遗产的口述与观察所得。再次是物质文化资料，这主要指的是诸如考古遗址、古村落、古建筑、民俗文物等物质文化遗存。以上三大类别的资料，是支撑太姥文化研究迈向深入的重要基石，也是我们塑造太姥文化高地取之不尽的宝库。

数年来，我们持续不断推出八辑《太姥文化研究资料丛刊》，第一辑是太姥诗文集专辑，第二辑是太姥石刻文书专辑，第三辑是太姥族谱文献专辑，第四辑是太姥民间文书专辑，第五辑是太姥宫庙道俗专辑，第六辑是太姥族群文献专辑，第七辑是太姥史料汇释专辑，第八辑是太姥档案文献专辑。我们拟从历史学、人类学、民俗学、宗教学、考古学等相关领域角度,针对太姥文化区的文化资源进行全面系统的发掘、整理与出版,从而达到抢救濒临消失的地域文化遗产、探索整理地域文化资源有效途径等目的。

太姥文化研究资料的搜集与整理,是一项十分繁重的文化工程,其意义也是不言而喻的。它不仅能够最大限度地保存本地区的档案文献与历史记忆,留住文化乡愁,同时也必将促进太姥文化学术研究的资料积累、提升地域文化形象。正是基于这种认识高度,福鼎市政协领导独具慧眼,热心支持这套文史资料丛书的编纂与出版,尤其是叶梅生、李绍美、丁一芸、张开潮、曾庆游、杨雪晶、赖百曲、陈世鎏等人,在丛书的主题设计、编辑整理、出版过程中,都提出了宝贵的意见,付出了许多心血。地域文化的研究,需要更多像他们这样的有心人。因此,我们诚恳地盼望来自社会各界人士的大力支持。

张先清

2019 年 9 月

目 录

上编　族群记忆与地方社会

畲族的移居、族谱编纂与历史记忆 …………………………… 禄佳妮 / 2
回族的移居、族谱编纂与历史记忆 …………………………… 严　丹 / 32

下编　族谱文献选辑

双华《蓝氏宗谱》中的地方社会文化 ………………………… 胡舒扬 / 54
双华《雷氏宗谱》中的地方社会文化 ………………………… 胡舒扬 / 75
佳阳《李氏宗谱》中的地方社会文化 ………………………… 胡舒扬 / 85
佳阳《钟氏宗谱》中的地方社会文化 ………………………… 禄佳妮 / 101
秦屿《丁氏宗谱》中的地方社会文化 ………………………… 严　丹 / 142

上编

族群记忆与地方社会

畲族的移居、族谱编纂与历史记忆

禄佳妮

畲族是居住在我国东南地区的一个少数民族,历史上,畲族人曾自称"山哈"。"哈",畲语意为"客"。"山哈",即指居住在山里的客人。畲族家谱里也有"苗"、"瑶人"或"瑶家"的别称。南宋末年,史书上开始出现"畲民"("畲"意为刀耕火种)的族称。直到新中国成立后,才正式改称为"畲族"。福建、浙江、江西、广东、安徽五省六十多个县市均有畲族分布,畲族使用畲语,学者研究指出:"畲族语言属汉藏语系,和客家方言很接近。……畲族没有文字,通用汉文,各地畲族皆通晓当地的汉语方言。"[①]

闽东太姥山地区是畲族的主要聚居区之一,畲族迁入闽东居住的时间悠久,"唐代,原来生活在闽、粤、赣三省交界地带的畲族先民开始迁入闽东。而这种民族迁徙活动到明、清时期更趋频繁化"[②]。其迁入路线,从闽西南至闽南再至闽东,沿途经过泉州、莆田和福州地区的连江、罗源等县,而后进入宁德、福安、霞浦、福鼎等地。迁入闽东的畲族又有部分往浙南迁徙,散处于温州和丽水地区各县。畲族的主姓为蓝、雷、钟、吴、杨、李等六姓。通过田野调查,我们在太姥山区域收集到畲族蓝、雷、钟、李等四姓的多部族谱,获得了大量有关太姥山地区畲族族群迁徙与历史记忆的资料信息。我们对这些族谱进行了系统的整理,并在此基础上对太姥山地区畲族的族源、迁徙路径、宗族结构、社会组织等问题展开初步的研究。

---

① 畲族简史编写组:《畲族简史》,福州:福建人民出版社,1980年。
② 蓝运全、缪品枚主编:《闽东畲族志》,北京:民族出版社,2000年,第30页。

一、从族谱看畲族移居太姥山地区的历史

从在太姥山地区所收集到的蓝、雷、李、钟四姓畲族人保存的族谱来看,太姥山地区蓝、雷、钟三姓畲族人均共同认为他们的祖源地是在广东凤凰山,他们认为自己进入福建的时间大约是五代十国时期(907—960),是随闽王王审知"作为乡导官"从海上而来的。在连江马鼻道登陆之后,最初在罗源大坝头落脚,随后分徙到闽浙各地。

蓝、雷、钟、李四姓族谱开篇几乎都记有《广东盘瓠氏铭志》,一致认为自己的祖源地是广东凤凰山。《广东盘瓠氏铭志》记载:"唐光启二年(886年),盘、蓝、雷、钟有三百六十余丁口从闽王王审知(862—925)为乡导官,由海来闽。至连江马鼻道登岸时,徙罗源大坝头居焉。盘王碧一船被风漂流,不知去向,故盘姓于今无传。……洪武十三年(1380年)移居福宁并浙江温州、处州等处,凡我蓝、雷、钟姓者,均一脉相传。"①

从所收录的族谱来看,蓝、雷、钟三姓入闽后,族谱记载的入闽始祖各有不同。蓝氏入闽始祖为"百万公"或"朝聘公",钟氏入闽始祖为"百户公",雷氏始祖则为"宗煅公"。

太姥山地区蓝氏族谱记载:"始祖朝聘公偕族人自闽省马鼻道上岸,始托足于罗源、连江两县。生二世祖宗谟公、宗诏公、宗诰公,肯构肯堂,创业垂统,自此始及。"太姥山地区蓝氏族谱又载:"自广东迁居为我鼻祖。玉新公号曰百万公,偕族人自闽省连江马鼻道起岸,始托足于罗源,住居安宅。生二男,长朝振公,次朝聘公。"而太姥山地区钟氏族谱记载:"讳百户公配□氏,生子三,长振宗,次振贤,三振辉。自凤凰山移居罗源,由罗源转居福鼎后溪而居焉……"雷氏族谱记载:"今考其肇基,惟自宗煅公始。公由福建省罗源县而迁福安,后移居平邑利洋,及启顺公分徙鼎邑华洋","考我祖宗煅公,于明万历壬午(1582年),由福建之罗源迁至福安。二世祖分孟、仲、季三房,孟房大温公……季房大仙公……仲房大裕公"。

依照族谱资料,我们可以大致勾画出畲族人迁居到太姥山地区的历史。

---

① 雷鋐:《广东盘瓠氏铭志》,《福鼎佳阳双华村钟氏宗谱》,公元戊戌年(1958年)修。

(一)钟氏迁徙太姥山地区的历史

钟氏宗谱记载：

> 我鼻祖高辛之朝,盘瓠王宫女招为驸马。厥后嗣续递传讳百户公,配□氏,生子三,长振宗,次振贤,三振辉,自凤凰山移居罗源,由罗源转居福鼎后溪而居焉。振宗公配□氏,生子一,讳成完。成完公生子四,长圣义,次圣登,移居青田培头。三圣黼,四圣黻。而圣义公生子三,长君进公迁凤池溪边,次君净公迁后溪半山,三君云公迁福鼎二都臣坪。圣黼公生子二,长君左公派分凤峦转居孔岚,次君右公派分桐山花亭及赤溪坪。圣黻公生子二,长君朱公住闹村马湾瑞邑马宗,分居福鼎店下员墩,次君发公居鹿陶并四都湖坪,隔及瑞邑小岭。而振贤公生子一,讳成乾,成乾公生子四,长圣铨,次圣盛,三圣山,四圣绵。圣铨公生男四,长君远公移居网坑,次君罗公居莒溪高垄口及霞浦五都肆,三君道公分白琳前,四君契公徙凤村黄坛口及乌石门。圣盛公生子四,长君华公迁居凤岭徐家宅,并上埕兴泰顺古铜坑;次君卯公移泰顺一都南坑洋;三君辉公派衍梅溪大湾头及后港溪柄岭,文曾公迁居凤洋东岗,启公移居王西宅,四君平公居柯节岭头鹏坑龙潭面霞浦深岙。圣山公生子二,长君康公迁朱山移松树垟堂垟单斗,次君经公居芳草坪。圣绵公生男二,长君前公居塘底麻坑底,次君后公徙巨垟及顶家山并手后宫。振辉公住居福鼎桥亭及王海,支分派衍至今十七世矣。

根据上述记载,我们大致勾勒出钟氏入闽始祖的世系及其主要的迁徙路线。

从"钟氏迁居太姥山地区世系表"可以清晰地看出,钟氏族人除了和其他畲族人一样认为他们的始祖是盘瓠王驸马爷外,他们还认为百户公是钟氏一族的入闽始祖。族谱准确地记录了百户公三子分支的详细情况,这一部分极有可能为信史。根据族谱文献记载,钟氏的迁徙路线大致为：凤凰山—罗源—福鼎后溪—青田培头—凤池溪边、后溪半山、福鼎二都臣坪、凤峦、桐山花亭、赤溪坪、闹村马湾瑞邑鹿陶、四都湖坪、网坑、莒溪高垄口、霞浦五都肆、白琳前、凤村黄坛口、乌石门、凤岭、徐家宅、上埕兴、泰顺古铜坑、泰顺一都南坑洋、梅溪大湾头、后港溪柄岭、柯节、岭头、鹏坑、龙潭面、霞浦深岙、朱山、芳草坪、塘底、麻坑底、巨垟、顶家山、手后宫、福鼎桥亭、王海—孔岚、福鼎店下员墩、凤洋、东岗、王西宅、松树垟、堂垟、单斗。

表 1-1 钟氏迁居太姥山地区世系表

驸马凤凰山	百户公罗源	振宗福鼎后溪	成完福鼎后溪	圣义青田培头	进公	凤池溪边	
					净公	后溪半山	
					云公	福鼎二都臣坪	
				圣登青田培头			
				圣蕭福鼎后溪	左公	凤岙	转居孔岚
					右公	桐山花亭及赤溪坪	
				圣斖福鼎后溪	朱公	闹村马湾瑞邑	马宗分居福鼎店下员墩
					发公	鹿陶并四都湖坪	
		振贤福鼎后溪	成乾福鼎后溪	圣铨福鼎后溪	远公	网坑	
					罗公	莒溪高垄口及霞浦五都肆	
					道公	白琳前	
					契公	凤村黄坛口及乌石门	
				圣盛福鼎后溪	华公	凤岭徐家宅 并上埕兴泰顺古铜坑	
					卯公	泰顺一都南坑洋	
					辉公	梅溪大湾头及后港溪柄岭	文曾公迁居风洋东岗 启公移居王西宅
					平公	柯节岭头鹏坑龙潭面霞浦深岙	
				圣山福鼎后溪	康公	朱山	松树埕堂埕单斗
					经公	芳草坪	
				圣绵福鼎后溪	前公	塘底麻坑底	
					后公	巨埕及顶家山并手后宫	
		振辉福鼎后溪				福鼎桥亭及王海	

(二)蓝氏迁徙太姥山地区的历史

据蓝氏的起基谱序记载：

稽我蓝氏，出于高辛之朝。盘瓠公生有伟才……谣生次男。我祖光辉公亦是……肇封汝南郡，以蓝为姓……继之于后，自广东迁居，为我鼻祖。玉新公号曰百万公，偕族人自闽省连江马鼻道起岸，始托足于罗源，住居安宅。生二男，长朝振公，次朝聘公，兄弟二人久居其地……至三世族，兄弟三人于明嘉靖五年（1526年），岁在乙酉三月间，闽省耿王寇乱，一家兄弟妻子离散，各自逃窜……而玉新公亦已逝世，朝聘公避居牙城。蓝垟上中下田园俱朝聘公所管，崇祯年间被海寇追赶，其地荒芜，再迁于平邑蓝下暂居。未久，山乡作乱，人民未平，又转移蒲门小华洋住居。其蓝下基址坟茔，至今亦无考证，后人各自立谱。我祖朝振公遂至台州黄岩县，生一男，讳宗录公，徙居青田，创基立业。生男一久裕公，年已十二，而宗录公修地下之文矣。后久裕公由青田迁北港青街泥山。以上三世祖，时道光丁未岁，创谱尚未查及族人，即将久裕公为第五世祖。今将上三世祖名讳列为外纪，惟久裕公向往泥山所置山田……所生二男，长东立，次东升，分祯、祥二房。东立公生二男，长有起，次有基，原住青街泥山。东升公生男一有贤，于顺治六年同有起公移居平邑三十一都昌禅岙口。迁居开基后，有起公转移于鼓楼山，生男六，各人散居分处。应乾公迁居半洋下堡，生男二，世生公移居福鼎葛宅庵。应贤公移居霞浦五六都沙江南后二坑，七都文垟鹧鸪港。应灵公移居八都虎陷。应明公迁福鼎八斗国公坪并太母洋岭头。应亮公移居牛奢岚水碓坑，生三男，又移居牙城王家山，或林西桥乌石界。应奇公生男五，移居小新洋，或南松洋头大身岗，或上洋游万八岭，或白琳周窗岭，四处居焉。泥山一派移居七都后洋水尾，或四都犁头坉平邑坑边崩山，福鼎安仁山小华洋卢墩，或南宋洋头大坝内，迄今子孙繁衍，行第十有六世矣……合族佥议修谱。余乃出为首倡，总理其事而登山涉水，采录庚甲。数月稿成，遂延江南钱库李克标先生付诸梨枣……

时在光绪五年（1879年）岁次己卯仲阳之月，十二世孙孔凌谨志①

同样，根据蓝氏族谱，我们可以大致勾勒出他们迁徙至太姥山地区的世系表。

蓝氏宗谱又载：

始祖朝聘公偕族人自闽省马鼻道上岸，始托足于罗源、连江两县，生二世祖宗谟公、宗诏公、宗诰公。肯构肯堂，创业垂统，自此始及。盛朝定鼎以来，三世祖智房德泰公、德候公、德顺公，仁房德厚公、德纯公，勇房德序公、德穆公、德泽公转徙平邑蒲门甘溪岚下住居。四世祖建功，数公迁居平蒲湖垄，顺治年间，该处迁界，散之四方，居无定处矣。

---

① 《蓝氏起基谱序》，《汝南郡蓝氏宗谱》卷一，1993年修。

越五世祖法照、法悬、法随往平邑小岭,法应移本邑夯头。六世祖国旺、国松、国林同迁福鼎华洋,国郎公移居卢屯。迄今子孙蕃衍十有六世矣。①

表1-2　蓝氏迁居太姥山地区世系表(一)

玉新公号曰百万公　罗源	朝振公　台州黄岩县	宗录公　青田	久裕公　北港青街泥山	东立	有起　鼓楼山	应乾公生男二	半洋下堡	世生公居福鼎葛宅庵
						应贤公	霞浦五六都沙江南后二坑七都文垟鸥鹄港	
						应灵公	八都虎陷	
						应明公	福鼎八斗国公坪并太母洋岭头	
						应亮公生三男	牛奢岚水碓坑	移居牙城王家山,或林西桥乌石界
						应奇公生男五	小新洋,或南松洋头大身岗,或上洋游万八岭,或白琳周窗岭	
				有基				
				东升	有贤		平邑三十一都昌禅夯口	
	朝聘公　牙城	平邑蓝下	蒲门小华洋					

结合这一谱序的相关叙述,我们可以勾勒蓝氏朝聘公以降的详细谱系,从而补充完善了前述蓝氏谱系的内容。

---

① 蓝明延:《同治九年岁次庚午修谱序》,《汝南郡蓝氏宗谱》卷一,1993年修。

表 1-3　蓝氏迁居太姥山地区世系表（二）

一世祖	二世祖	三世祖		四世祖	五世祖	六世祖
朝聘公 罗源 连江	宗谟公	智房	德泰公 平邑蒲 门岚下	数公迁居平蒲湖垄,顺治年间,该处迁界,散之四方,居无定处矣	法照 平邑小岭	国旺 福鼎华洋
			德候公		法县（悬） 平邑小岭	国松 福鼎华洋
			德顺公		法随 平邑小岭	国林 福鼎华洋
	宗诏公	仁房	德厚公		法应 本邑岙头	国郎 卢屯
			德纯公			
		勇房	德序公			
			德穆公			
	宗诰公		德泽公 平邑蒲 门甘溪 岚下			

从上述蓝氏族谱的记载,我们可以看出蓝氏迁徙的路线大致有两条,朝聘公一支的迁徙路线是:罗源、连江—平邑蒲门岚下—平邑小岭—本邑岙头—福鼎华洋、卢屯;朝振公一支的迁徙路线是:台州黄岩县、牙城—青田—北港青街泥山—鼓楼山、平邑三十一都昌禅岙口—半洋下堡、霞浦五六都沙江南后二坑、七都文垟鹧鸪港、八都虎陷、福鼎八斗国公坪,太母洋岭头、牛奢岚水碓坑—牙城王家山、林西桥乌石界、小新洋、南松洋头大身岗、上洋游万八岭、白琳昭苍岭。

（三）雷氏迁居太姥山地区的历史

现存的雷氏族谱中记载有关雷氏族人迁居太姥山的历史,包含了较为详细的时间和人物,但总体内容却较为简略。雷氏宗谱记载:"遂稽雷姓之源出高辛帝,以宫女招驸马,遂生巨祐公,锡姓以为雷氏鼻祖,祠广东潮州府凤凰山。原有总祠,历代递传……今考其肇基,惟自宗㪺公始。公由福建省罗源县而迁福安,后移居平邑利洋。及启顺公,分徙鼎邑华洋。"①

雷氏宗谱又载:

> 考我祖宗飚公,于明万历壬午,公元一五八二年,由福建之罗源迁至福安。二世祖分孟、仲、季三房。三十年后,孟房大温公于万历四十年壬子,公元一六一二年,由福安迁平邑五十二都,现浙江省苍南县东家山。又二十年,季房大仙公于崇祯十年丁丑,公元一六三七年,由福安迁现福鼎县前岐镇佳阳畲族行政村之宾洋。再七年,仲房大裕公于顺治元年,公元一六四四年,由福安迁浙江平邑蒲庄,现浙江省苍南县蒲门镇之南里垄,传至四世启顺公。二世大裕公长子振安公之独子,康熙四十九年庚寅,公元一七一〇年由苍南县之蒲门迁现福建省福鼎县前岐之双华畲族行政村。②

从这一段叙述,我们可以看出,雷氏从福建罗源迁入福安的时间大约是明代万历年间。也就是说,至迟在明万历年间,雷氏就已经在罗源地区居住了。而雷氏是何时迁入罗源居住的,从族谱上我们并未发现线索。有趣的是,雷氏的族谱同样记载了他们更早的祖先是"盘瓠王驸马爷"的儿子巨祐公。

表1-4 雷氏迁居太姥山地区世系表

巨祐公 凤凰山	宗飚公 明万历壬午 (公元1582年) 福建罗源迁至福安	孟房	大温公	万历四十年壬子(公元1612年)福安迁平邑五十二都(现浙江省苍南县东家山)	
		仲房	大裕公	顺治元年(公元1644年)福安迁浙江平邑蒲庄(现浙江省苍南县蒲门镇之南里垄)	启顺公 康熙四十九年庚寅(公元1710年)迁福鼎县前岐之双华
		季房	大仙公	崇祯十年丁丑(公元1637年)福安迁现福鼎县前岐镇佳阳畲族行政村之宾洋	

---

① 钟起珍:《道光乙巳年修族谱序》,《雷氏宗谱》,1994年修。
② 雷志斯:《甲戌新修谱序》,《雷氏宗谱》,1994年修。

由此，我们同样可以大致勾勒出雷氏迁居太姥山地区的大致路线：广东凤凰山—福建罗源—福安—平邑五十二都（浙江省苍南县东家山）、平邑蒲庄（浙江省苍南县蒲门镇之南里垄）、福鼎县前岐镇佳阳畲族行政村之宾洋——福鼎县前岐镇双华村、鼎邑华洋。

（四）李氏迁徙太姥山地区的历史

与蓝雷钟三姓畲族人认为自己同宗同祖不同的是，太姥山地区的李氏畲族人自认为始祖为中原汉人，李氏是因为"廷玉公入赘蓝氏"，才"由汉转苗"的。

李氏宗谱载：

> 邑之南港牛角湾地，有李氏聚族于斯。考其系，则出自李君廷玉，翁赘于蓝色艳公为婿，蕃衍荣生。故得于蓝氏共叨，世免徭……①

> 李之世系，本难稽察……其近祖系来安溪湖头，因其祖逃乱，赘于蓝氏。其后均与蓝、雷为婚姻，遂与蓝、雷伍。②

> 廷玉公甥蓝姓，恒升公则其父，用汉转苗，肇始于此始祖。③

> 我李氏之先出自轩辕公，诞生吾族，继皋陶，任尧帝的理官，以官职为姓。利贞公改理为李。伯阳公道德传经。渊公开唐帝业，建都长安。伯纪公在宋为相。……唐高祖李渊第廿七代裔孙火德公，入闽之始祖。继传十五世，君达公迁徙安溪，卜居湖头……住地建有李家庙……再十五世，恒升公之子李廷玉，时因寇乱，逃至福州汤岭，羁寓蓝色艳家中。公观其品行端方，招为女婿，生三子。其长子大一郎迁居霞邑四都雁落洋。传至万十三郎，公由雁落洋徙鼎邑白琳白岩而居，配雷氏，生六男，分礼、乐、射、御、书、数六房之号，裔孙兴旺。因受地理狭窄，被迫分散，为了思宗，分立苍南华洋、福鼎深垄二个宗祠。相距闽浙，实同于一家，无相径庭之别。粤稽六房裔孙，有显达公、程钰公、追尊公、敬立公，洞察闽浙各地，尔后四兄弟各自徙迁。程钰公迁居福建前岐三娘坑、白琳

---

① 李敷芝：《原序》，《浙江省温州苍南南港状元内萃菁齐镶版李氏宗谱》，1992年修。

② 周绍濂：《道光二十二年纂辑谱序》，《浙江省温州苍南南港状元内萃菁齐镶版李氏宗谱》，1992年修。

③ 李台：《民国丙子年（1936年）新修谱序》，《浙江省温州苍南南港状元内萃菁齐镶版李氏宗谱》，1992年修。

硖门、霞浦牙城。追尊公迁居泰顺石街、文成九条洋、苍南莒溪。敬立公迁居平阳晓洋大田下,福建三沙,前岐薛家、九里,苍南凤阳、中墩。显达公进入平阳南港,苍南观美伏鹰而居。①

李氏宗谱又载:

> 粤稽我姓,李氏系出皋陶之后伯益,为虞理官,子孙遂以官为氏。至殷末,理利贞避纣乱,居伊侯之墟。因食木子,改理为李,则知李姓之所由来者……而我等始祖廷玉公,乃李升公之子也,入赘蓝色艳公之女。代远年湮,家无旧谱可考,阙之而已。越及我祖,显达公原居闽之霞邑雁落洋,配妣雷氏,生三男,长景崇公,次景谨公,三景楮公。兄弟三人于明季兵燹之秋,由雁落洋移来浙东昆阳之南港,各自开基创业,迄今二百余年矣。支分派衍,星散不一,或居平之华洋牛角湾、蕉坑暨全岙、五亩、大施、枫树湾,或徙鼎邑之横坑、浮柳洋、赊地、熊岭,以及泰顺沙溪等处。②

> 显达公明季自福罹乱,流落来平,始迁北港,继南港。文献无征,无著可考,其后世居华洋牛角湾,则以为大华洋李氏也……零星散处泰顺、福鼎、霞浦、瑞平交界……③

李氏的宗谱记录了他们入闽的始祖为火德公,还说火德公系唐高祖李渊的第二十七代孙,火德公传十五代到君达公。这一时期的居住地为安溪,君达公再传十五代到廷玉公时迁居汤岭,因为避祸入赘畲族人蓝氏,从此由"汉"转"苗"。

从李氏的族谱看,谱系并不是特别清晰,但李氏宗谱记录了一个重要的信息,那就是李姓的畲族人是"由汉转苗"的。这是畲汉之间的联姻以及民族融合的重要例证。

---

① 李圣珠:《第九次增修宗谱序》,《浙江省温州苍南南港状元内萃菁齐镶版李氏宗谱》,1992年修。
② 李大振、李大胜、李大蒋:《倡修宗谱序》,《浙江省温州苍南南港状元内萃菁齐镶版李氏宗谱》,1992年修。
③ 李台:《民国丙子年新修谱序》,《浙江省温州苍南南港状元内萃菁齐镶版李氏宗谱》,1992年修。

表1-5　李氏迁居太姥山地区世系表

入闽始祖	十五世	三十世	三十一世	三十二世			
火德公 稔田丰朗	君达公 安溪湖头	恒升公 安溪湖头	廷玉公 福州汤岭	大一郎 霞邑四都雁落洋	万十三郎 鼎邑白琳白岩 生六男	分礼、乐、射、御、书、数六房 分立苍南华洋、福鼎深垄二个宗祠	显达公 生三男	由雁落洋入平阳南港苍南	长景崇公,次景谨公,三景楷公,兄弟三人于明季由雁落垟移来浙东昆阳之南港
						程钰公	福建前岐三娘坑、白琳硖门、霞浦牙城	
						追尊公	泰顺石街、文成九条洋、苍南莒溪	
						敬立公	平阳晓洋大田下、福建三沙前岐薛家九里、苍南凤阳中墩	

　　李氏至迟在明代已经从福建霞浦雁落洋迁至浙江东部昆阳地区居住。根据族谱记录,我们可以看出李氏徙居太姥山地区的大致路线是:安溪湖头—福州汤岭—霞邑四都雁落洋—鼎邑、白琳、白岩—平阳南港苍南观美伏鹰,福建前岐三娘坑、白琳、硖门,霞浦牙城、泰顺石街、文成九条洋、苍南莒溪、平阳晓洋大田下、福建三沙、前岐薛家九里,苍南、凤阳、中墩—平阳南港苍南、浙东昆阳之南港—平之华洋牛角湾、蕉坑、金岙、五亩大施、枫树湾,鼎邑横坑、浮柳洋、赊地、熊岭、泰顺沙溪、福鼎、霞浦、瑞平交界等处。

综合分析蓝雷钟李四姓的族谱，我们可以得出如下的线索，中古以来，现在居住在闽东的畲民就已经生息繁衍在粤、闽、赣边界的广大山区。宋明时期陆续向闽中、闽北一带迁徙，大约在明、清之际才开始大量出现于闽东、浙南等地的山区。据畲族族谱记载，畲族有盘、蓝、雷、钟四大主姓，然而盘姓却极少见。据族谱记载，原因是他们从广东潮州凤凰山迁徙到福建时，盘姓一族被风吹到"番国"，因此未能到达连江登陆。

从我们收集到的畲族族谱来看，太姥山地区蓝雷钟三姓畲族人的迁徙路线大体一致，都说最初是从广东凤凰山经海路来福建，最早落脚于罗源连江，随后迁居福安、福鼎。李姓的迁徙路线则略有不同，其祖先是来自闽南安溪湖头汉族李姓的一支，因为入赘到蓝氏，从而成为畲族。这就是李氏族谱中提到的"由汉转苗"的族群历史。

二、从族谱看畲族宗族的形成与发展

族谱又称祖谱、宗谱、家谱、家乘等，族谱根据宗族支派的大小和涉及入谱人丁的多少情形，又分为联谱、通谱、总族谱、分族谱、大宗谱、小宗谱、支谱、房谱等等，我们将其统称为谱牒。谱牒是人们用以记录和维护家族血缘关系的文书。我国的谱牒萌芽于商，形于西周，盛于魏晋，再盛于宋明，谱式有多种，"欧阳永叔、苏氏明允、曾氏子固、刘氏青田，各有一式。今人多效欧苏二氏之式。欧仿年表书法，世经人纬，条理分明，脉络贯通；苏依家礼宗图，系联派属，高曾祖考，一堂如见。令后人寻源究委，开卷井然"。畲族修谱应该是受到汉族影响的，而且时间也较晚。"畲族谱牒现存版本都是自清朝以后编修的，且以清乾隆、嘉庆年间的居多。究其原因，一是在明以前，相当部分的畲民还处在辗转迁徙之中，还不具备修谱所必备的相应条件；二是畲族没有自己的文字，族内识字能文的人不多，必须请汉族秀才代为编纂，这需要一笔可观的资费，而且谱载的部分内容，对族内来说还是秘密，不宜轻易提供给汉人；三是居住条件差，保管不易。因此，在巨大的谋生压力之下，被封建社会视为户籍档案的族谱，在畲村并不像祖图、祖杖那样占有神圣地位。明末清初，畲族大举迁入闽东，清乾隆年间一体落籍以后，编修宗谱的意义就凸显了出来。封建社会的基层管理单位是族，谱牒是一族的户籍档案，进学入庠、抽丁、当差服役等，都要以谱牒作为依据，这时候修谱就成了很迫切的事，加上定居后生活稳定、人员集中、财力充足，于是畲村普遍

着手修谱。这就是畲族谱牒大多编就于清乾隆、嘉庆年间的原因"①。

从太姥山地区蓝、雷、李、钟四姓的族谱记载,我们可以看出,清以后,畲族人采用汉文编写宗谱,将流传在畲族人历史记忆中的祖先故事和重要文献记录下来,将可追溯的宗支世系加以详细描述。同时,用修建宗祠的方式将同一支系的族人紧密地连接在一起,形成强大的宗族势力,这对后世畲族宗族的形成和发展产生了极为重要的意义。

(一)族谱编修

从太姥山地区收集到的蓝、雷、李、钟四姓畲族宗谱来看,畲族人修家谱的时间并不久远,我们能见到的最早的成文文献应当是大清乾隆五十二年(1787年),当时的礼部左侍郎、浙江督学部院雷鋐撰写的《广东盘瓠氏铭志》。为后世蓝雷钟姓修谱牒时收录。

蓝氏谱牒最早修于同治庚午年(1870年),蓝氏宗谱记载:"本家自朝聘公由甘溪岚下移居小华垟,是为小华垟开基始祖。历世久远,生齿日繁,因其土地狭窄,人居稠密,由此或移泰顺雅洋,或平邑岱岭,或霞邑西沉南柄数处居焉。堂伯祖明彩公睹子姓分居星罗棋布,藉非谱以联之不可,曾于同治庚午(1870年)延王乐莘先生作吾之谱,创举也。"②太姥山地区钟氏谱牒最早修于光绪二十四年(1898年),雷氏宗谱最早修于道光二十五年(1845年),李氏族谱则最早修于道光二十二年(1842年)。

从所整理的谱牒内容来看,族谱的纂修也是一项宗族动员工作。一般都由一些族中有威望又有财力和时间的族人"首倡"修谱,再由一些年富力强的族人踊跃参与组成"董事会",详细分工后,延请"修谱先生"主持修谱。这些修谱先生从族谱记载来看,有的是本家族人,有的是外姓人,有的是畲族人,也有汉人。修谱所需的资金一般是族人共同摊派,也有捐赠的。在修谱之前,一般要订立谱例,划分行第,作为辑录和编排资料的准则,同时确定范式。从所修谱牒的体例来看,太姥山地区畲族人的谱牒多采用"欧苏"二式。修谱一般从辑录资料开始,辑录资料是件艰辛的工作,为搞清楚支分派脉,一般都需要"奔闽赴浙,不辞跋涉,辑录丁甲卒葬"。谱序一般都会提及辑录资料的艰辛,并对辑录资料的族人加以表彰。辑录的内容一般是"联其

---

① 钟雷兴主编:《闽东畲族文化全书》,北京:民族出版社,2008年,第1页。
② 蓝廷玉:《同治九年岁次庚午修谱序》,《汝南郡蓝氏宗谱》卷一,1993年修。

疏远,分其昭穆,载其生卒,别其嫁娶,坟地祀田,逐一详志"①。在修谱时,将最能凝聚族群的祖图、祖坟、祖祠以及上古传说、重要文献,如敕书、开山公据、书、铭、记、得姓源流、龙首师杖、族中历代名人事迹等放在前面。接下来是历年修谱的谱序、赞美诗文、人物传赞,然后是"凡例""行第",最后才是宗支世系。详细记载全族男丁的名讳、字号、生卒年月、葬所、配偶姓氏和生育子女数等。最后是附记,其内容包括祠堂、祖坟、族产公田的坐落方位、形胜地图,以及义田记、墓志铭、买地契、山契以及官方批文、诗词等等。谱成之后,一般会举行盛大的封谱仪式,将谱牒妥善地保存起来,并且制定出严格的取阅和保管程序。每次修谱,分散在各地的各房宗支,都要派人参与编修稽核,这叫"会谱"。即便远在外省、外县的"叔伯"宗亲,都要赶回来参与祭谱、封谱等重大礼仪活动。

在我们所收集到的太姥山地区畲族谱牒的凡例中,可以看到畲族社会对于男女尊卑、妇女再嫁、庶子和继子社会地位等的基本准则都有相关的规定,如蓝氏宗谱中的《凡例》载:

> 谱将娶入者纪某地某人之女,嫁出者(书)②适某地某人。谱支图中冢子之名正书父名下,余则依次雁立焉……娶妻者书配某氏,纳宠同媵者但书侧室,或夫亡别适者但书改节,生卒俱无。庶子虽长,不书嫡子前。养子授子虽长,必书亲生子后并牵以黑线,示不乱宗。未告庙夭亡不书,未成殇死不书,已成童死书早世。无子者择必亲派同胞子侄,血脉相贯,由长而次以继之。如例所载,先尽同父周亲,次及大功小功。出继者书出嗣,承继者书嗣男,其余若养子等俱注明名下,如无人继者书不传。身列宫墙必朱书,以资激励。命名不得犯讳,但历代久远,类同难易,惟庙讳及祖讳敬避,其余避字弗避音。坟地必书穴在某处,并坐向分金。先祖及孙辈有功业美事并载而传之,以示激励。妇人有善,亦附于夫传中。或忘其名字者,或遗其生卒者约略笔之,至于有实则据详……③

畲族人修家谱的目的在于敬宗收族,维系族人认同,巩固宗族组织。在畲族人看来,修谱主要是为了让族人"知祖宗之所由出,识支派之所以分。

---

① 周绍濂:《纂辑谱序》,《李氏宗谱》,道光二十二年(1842年)修。
② 此处疑漏"书"字。
③ 《凡例》,《汝南郡蓝氏宗谱》卷一,1993年修。

彝伦攸叙,昭穆不紊",是为人伦而立谱。而立谱的意义在于"家之有乘,犹国之有史"。不修谱的害处在于"不知源何以知流之长",因此国不可无史,家不可无谱。三世不修谱,便被视为不孝。蓝氏宗谱《修谱序》中云:

> 当思天为天下而生人,人为人伦而立谱。谱也者,知祖宗之所由出,识支派之所以分,其不可无也久矣。顾我蓝姓均出自一派,洎今分居各处者不知其数,去此适彼者复非一族,苟无谱以纪之,则支派别瓜之绵,莫溯其源;葛之庇,莫推其本。甚至孙冒祖讳、侄犯叔名,视骨肉如行路,等同宗于秦越,岂非无谱阶之厉乎?庚午春,蓝氏子侄兄弟共切疏逖之虞,爰谋作谱之事。凡属同气分支者,皆一一开明,以便汇而合刊,使有以知其祖于某代来自何方,庶几水有源而木有本,瓜之绵可溯,葛之庇可推,孙于是不致冒祖讳,侄于是不致犯叔名。为昭为穆,璨若日星,何派何支,了如指掌。《书》曰:"若网在纲,有条不紊。"其是之谓欤。①

> 吾宗无谱,盍创之便?佥曰然。由是上溯本源,下寻支派,付诸剞氏,勒为成书。推其所自出,无数典类祖之讥。联其所已分,同繁姓缀食之义。千百年之昭穆不紊,数十世之里居可考,其于先圣教孝明伦之旨,盖有合焉。②

李氏宗谱《四次新修谱序》载:

> 万物本乎天,人本乎祖。人之有祖,犹水之有源、木之有本也。自世系不明,昭穆失序,亲亲之道几乎息矣。仁人孝子能无兴水源木本之思乎?……族叔有奥……等均以宗谱当修。遂踊跃从事……不辞足力,赴浙奔闽……式仿欧苏,编联庚甲……脉络相绳,如水之有源,木之有本也。今而后,穷源溯本将见,上而使祖德宗功于不坠,下而使子孙昭穆以分明。③

由此可见,畲族人修族谱的目的除"敬宗收族",使族人"知祖宗之所由出,识支派之所以分。彝伦攸叙,昭穆不紊"外,还有规范族内社会伦理,适应外部生存环境需要的现实意义。

---

① 雷用霖:《同治九年岁次庚午修谱序》,《汝南郡蓝氏宗谱》卷一,1993年修。
② 《同治九年岁次庚午序》,《汝南郡蓝氏宗谱》卷一,1993年修。
③ 李德甫、李崧:《四次新修谱序》,《浙江省温州苍南南港状元内萃菁齐镶版李氏宗谱》,1992年修。

(二)宗祠修建

宗祠多为同一宗族所建,是一族举行祭祖、议事、修谱、事神、娱乐等仪式最重要的场所。这些仪式客观上加深了人们的族群认同和历史记忆,对凝聚族群、规范社会秩序产生了重要的影响。从《畲族简史》记录的情况来看,畲族人最早的宗祠或可以以"祖担"视之,"畲民祠堂仅以竹箱两只,一置香炉红布,一置画像,即呼为祠堂也","现存祖担有竹编箱笼两只,内装先祖香炉、龙头祖杖、笏板、铃刀、龙角、铃钟、神鞭,本支族宗谱和一套有二十余幅布质(亦有纸质)彩色祖图"。① 在早期,"祖担"里并无"笏板、铃刀、龙角、铃钟、神鞭"等和今天道教仪式用具完全相同的物品,也无"本支族宗谱",畲族"祖担"内的器物最早只是简单的香炉和画像,后来增加了祖杖、笏板、铃刀、龙角、铃钟、神鞭等。这一变化反映了畲民在这一时期受到了道教文化影响。我们也发现,早期祖谱也并非"祖担"的必藏之物,这可以从另一个层面说明畲族人编撰族谱的历史其实并不久远。

其时,某户若遇传师学艺或老人去世等活动,需要用到祖担,就要到原先保存祖担的那户人家去"采祖",即迎请祖担。采祖时祭师跳唱"拆寨"舞。畲族人迁徙异地时要带走"祖担"。畲族老人去世后会设亡灵香炉,把亡灵香炉并入本家供奉的历代祖先香炉,称"上祠堂"。由此我们可以看出,"香炉"在某种意义上就是祠堂的核心,对于不断迁徙的畲民而言,用"祖担"带走香炉,其实就是带走供奉祖先的"祠堂"。而祖担内的画像则叙述着畲民祖先的历史,对于没有文字的畲民来说,这就是一部无字的史书。

在畲族人的族群记忆中,畲族人最早的宗祠在广东凤凰山,因为畲族人共同追奉的始祖盘瓠王葬于凤凰山。据说当时在凤凰山还建有宗祠,如蓝氏族谱中一般会记载"始祖祠基"内容:"凤凰山祖祠,址坐丑向未,计二十四丈,横一十八丈,前至雷家坊,后至观星顶,左至会稽山,右至七贤洞。四至开列谱端,以为子孙永远存照。"②"祠内正中供奉始祖龙麒和公主,左边供奉盘自能、雷巨佑,右边供奉蓝光辉、钟志深。"③

从蓝、雷、李、钟四姓的谱牒记载来看,太姥山地区畲族人修建宗祠的最

---

① 畲族简史编写组:《畲族简史》,北京:民族出版社,2008年,第27页。
② 《始祖祠基》,《汝南郡蓝氏宗谱》卷一,1993年修。
③ 畲族简史编写组:《畲族简史》,北京:民族出版社,2008年。

早时间大多在清中叶以后,《李氏祠堂记》载：

> 尝思古者,天子七庙,诸侯五庙,大夫三庙,士一庙,庶人则祭于寝,所以昭孝通神也。三代而下,□□繁兴,礼乐亦因之寝失。沿至五季,兵戈扰乱,益以不振。有宋程朱挺生,始讲究宗法之礼,士大夫能以宗法训其家人,置祠立庙,累世同居,蔚然可称为义门者,往往而有甚矣……余我训导之贡生也,所居东山之牛角,同治年间尝建宗祠数楹,翼以轩庑,缭以堵墙,为春秋享祀之所。至今始至于落成,皆其先世诸翁兴族之耆老躬司其事,可谓知其所务矣。及今圮坏,诸君佥议改移异处,另择□□□,诸翁叔祖承魏大华、大宋、大协、有豁、有蜜,兄侄学梅、学足、绍炮、绍珍诸君众等,仍其重建。合族欢欣,子来父事,见义必为。适因家乘告成,遣伴贻思作记于余。既嘉诸君之乐善好义,而能□□代诸公之意,不忍其湮没不彰也。虽荒且落,何敢不以文辞。忆□宗庙落成,谱书工竣,济事完成也。兹因甲□□□秋之合,祠宇重新,甲图再辑,惟我族叔祖□□□粗□堪舆,细审形势。观其祠后鹅髻冠顶,祠前蜈蚣鸣珠,左有玄武戏龟,右有青龙赶蛤,两山对峙,王□谙封,秀水护缠,将军捍口,水流尽处又有宽潭半亩,号曰百子潭。澄澈晶莹,发光可鉴。秀峰耸起,文笔堪夸。环祠而居者,亦倪幸我李氏宗祖,爰得其所也。惟愿弈代□□□□,累世簪缨,亦知吾族之蕃昌。孙枝克盛世,□□朽粟陈,经营华夏,广置沃田,为事祠庙之制,蒸尝之礼。盖有不知其所以然者,以视我诸君尊祖敬宗。既述其事,犹想继其志,相去久远之,不□□□是记序可云乎哉。①

目前,太姥山地区畲族人的祠堂内一般存放族谱、香炉、祖图、祖杖、祖牌、楹联等。蓝姓香炉有六个,雷钟两姓香炉只有五个,原因是香炉按行第字数设立,蓝姓行第字数多一个字,所以多设一个香炉。相传雷姓分大、小、百、千、万字为行次,周而复始。蓝姓则分大、小、百、千、万、念为行次,较雷姓多一念字。

畲族人建祠堂的目的是尊祖敬宗,所谓"报祖颂宗"②,彰显家族的兴盛,而客观上,祠堂建造和族谱一样起到了记录族群历史,凝聚族人,规范社

---

① 李璿玑:《民国丙辰年李氏祠堂记》,《浙江省温州苍南南港状元内萃菁齐镶版李氏宗谱》,1992年修。

② 雷志斯:《雷氏建祠谱记》,《雷氏宗谱》,1994年修。

会秩序的作用。据《重建蓝氏宗祠记》载:

> 浩渺大流,出之以源,不知源何以知流之长。树冠之茂,来之于根,究其根,则知其身。一族之兴衰,察其于文化经济。二者显示于宗祠之景观,是各族立祠之理也。……为念先人哺育后代所付艰辛……五月廿七落成。其建筑皆用砖及混凝土结构,黄瓦屋面,白色围墙,古汉式亭楼门屋,大红圆柱,刻以楹联。院内设置花圃,优美壮观。全族无不欣喜,皆言百年夙愿今稠(酬)矣,乃祖宗之德,吾人之福也。愿后人务需勤耕苦读,树我族于中华民族之林,以慰先人在天之灵,而光宗祠之辉矣。①

修建祠堂的用地,或从族中购买,或由族人捐赠。捐赠土地修建祠堂被视为一件光荣的事情,捐赠者一般会被记入宗谱,据《雷氏建祠谱记》载:

> 昔源流,论古今,国有史,家有乘。考我祖,排世系,列丁口,建祠修谱,为是报祖颂宗。然我祖有史以来,没有宗祠,故族人为此无不惦念在心。于是由族亲利义、利吉、利璋、志强、志满、志晓、志斯等人为筹建宗祠首事,并由仲房大裕公裔孙应花公派下全、昌、玉、丰、登五房赠送建祠吉地,一号契约附后,坐落本村华洋西山下,长二十二米,宽十二米二,上至利伟草埕,下至路,左至国阳李坟山界止,右至五房公地古厝左边屋基围墙为界。于一九九四年甲戌二月十三日奠基破土动工,并在族内叔伯共同努力下,于一九九四年四月廿九日胜利竣工。本祠坐庚甲兼酉卯分金,属于砖木混凝土结构。为酬我应花公派下裔孙,在此谱记以示恩答,并立送断契一张,永为存照。②

倡议修祠堂者一般为德高望重者,修建祠堂需设立董事会,筹措资金,分工理事。资金由族人按丁摊派,鼓励多出,一般超过摊派标准多出资金者会被立碑加以表彰。祠堂建成后会请文人雅士作"记",描绘宗祠的山川地势,赞美其宏伟华美,荣宗耀祖。福鼎佳阳双华李氏族谱中保存的一篇《华洋李氏新建祠堂记》记载了本族祠堂的修建经过:

> 吾氏裔孙学金从福鼎市府莅临本宗祠堂,举头察望叹矣,上栋腐朽,下宇漏滴,苔痕阶绿,若非重葺,顷有坍塌之虞。递推祖庙,建有二百余载,徙迁三次,首建龙井垵,次迁面前田岗下,民国庚辰终徙东山下

---

① 《重建蓝氏宗祠记》,《汝南郡蓝氏宗谱》卷一,1993年修。
② 雷志斯:《建祠谱记》,《雷氏宗谱》,1994年修。

……今让舍难得尽善,倘不营新,实为令人难堪。就此,是夜召集邻舍裔孙商议,众诚、学金崇论宏议,容纳群策,群力组成建祠筹备理事会,总理事圣珠,副理事先鉴、圣祝,委员学金、绍发、先旦、先旅、先起、先纯、先秋、先笔、先炒、圣镇、圣强、圣坦、圣林、圣标、圣荫、志引、志振,施略部署。预算每丁壹十五圆,并提倡况有思念祖德,慷慨解囊百圆以上者树碑流传。……随聘明师先旅,择地鹅峰垂龙吉穴,坐辰向戌兼乙辛。祠地通过先起、先主、圣荫、圣契、志引、志新、志岁等协商,采纳现金补偿,随征收讫,一概清楚,递交圣祝入账为凭。不日,全力以赴,邻舍裔孙辛勤辟地,在夏日,烈焰腾腾,汗流浃背,不辞劳苦,不遗余力,义务劳动,出勤计壹仟壹佰余日。同时组织人员,越山涉岭,奔浙赴闽,舍己为祖,不计报酬。不辞劳瘁,敢冒暴风骤雨,不畏赤日炎炎,步行山野崎岖,跨达村庄,筹回资金,敦延木匠圣数,泥水先彪,日追夜赶。是年十月廿八日卯时,祖庙落成,万象更新。翌年元月十六日,隆重举行首次敬祖仪式。参加一千五百余人,奄有异庙同宗声援,南宋北峦、东社、金乡苏李、郭家、车九堡、张家腰、云亭坝头、坝仔岭前、思居垟、李家山、南峦随赠礼品、题匾,作为留念,事终成矣。不忘祖恩祖德,美奂宏伟,亦弗负子孙辛勤创业,是谓孝子不匮,永垂后裔。并附一联:"鹅峰垂龙蟠踞地,将山照耀旋马堂。"①

总的来说,畲族作为一个古老的族群,长久以来生活在粤闽赣浙地区。太姥山地区的畲族人在清朝初年开始修谱,他们以盘瓠作为自己的始祖,认为自己的祖先是在五代十国时期迁来福建的。他们以盘、蓝、雷、钟四姓作为血缘最亲的族群。他们继承了祖担,在清朝中后期开始修建祠堂,作为一族的聚会之所以及供奉祖先灵魂的所在。他们举行盛大的祭祀仪式来凝聚族群。族谱的修撰和祠堂的修建,凝固了族群的共同记忆,团结了同姓家族,增强了族群意识和族群认同,加强了太姥山地区蓝雷李钟四姓与闽浙其他地区同姓家族的联系。

---

① 李圣珠:《华洋李氏新建祠堂记》,《浙江省温州苍南南港状元内萃菁齐镶版李氏宗谱》,1992年修。

三、从族谱编纂看畲族的历史记忆

(一)族源记忆

从太姥山地区收集到的蓝、雷、李、钟四姓族谱内容来看,除李姓认为他们是因先祖廷玉公入赘蓝氏而由汉转畲外,其余蓝、雷、钟三姓祖谱都记述了盘瓠的故事。也就是说,畲族人对自身的族源几乎都建构在"盘瓠传说"的历史故事之上。

据蓝、雷、钟三姓宗谱中收录的《广东盘瓠氏铭志》载:

> 帝喾高辛皇帝刘皇后,夜在凤阁中饮宴,移席望月对饮……耳感疾痛,宣医挑取,物大如茧,以瓠盛之,以盘覆之。须臾,象如龙身,长一丈二尺,一百二十四点花文,牙似剑,龙鳞火珠,因盘贮覆,遂名曰盘瓠。刘皇后以为不祥,抛弃于外。适殿内保驾将军王守道觉见之,考其原因,乃刘皇后感受,入朝一面奏,帝闻奏,惊曰:感瑶光星辰投□□□□。随驾三载,恩□之。唯恐致殃,无贰尔心。……七日,化一男子,容貌伟俊。……燕寇作乱,结集勇猛流党……闻说起兵侵界,文武群臣忙奏,燕寇侵国,人民遭害。帝览奏大惊,勒榜张挂,访募天下英雄烈士,有人能收伏燕寇者,不惜封爵,招为驸马。盘瓠闻知,直出午门揭榜,随守军进殿启奏:"臣能收除燕寇。"帝见奏喜曰:"卿何人氏?"群臣奏曰:"刘后感星辰降化之子,号曰盘瓠也。"帝曰:"汝年尚幼,能为朕分忧乎。"对曰:"能。"帝喜曰:"汝往收燕,领带将军多寡?"对曰:"不用军马,独身往敌。"时遂封龙麒大将军,有功回朝,重封爵职,赐三公主为婚,朕不食言。盘瓠谢恩退朝,奉旨出征,踏罡步斗,驾起云雾,飞腾过海,直至燕王殿前。燕王一见此人面貌非常,动问:"汝何国奸细盗,敢前进。"喝令推斩。盘瓠容色不变,对曰:"非也,吾乃瑶山真人徒也,奉师父严命,知吾主有霸国强兵之福,特来相助一臂之力。"燕王闻说大悦,收留安所,会集群臣设宴庆贺,喜曰:"孤得此异人,殆天赐寡人,中国定归吾邦。"盘瓠随驾三载,恩宠无比,日与盘瓠饮酒同乐。某日王大醉,被盘瓠拔剑弑毙,并斩吴将军首级,飞奔出城,渡江过海。蒙诸水神护送,顷刻,波浪频兴,云雾笼罩,番兵追赶不及,奔回本国。群臣启奏,龙麒将军斩燕寇首级,得功回朝。帝大喜,宣龙麒将军上殿。慰劳毕,爵封盘护忠

勇王，遂与公主缔亲，盘护谢恩。自此四海又安，万民乐业，文武公卿无不欢悦。在朝袭职五载，公主请奏，蒙父王赐配与驸马忠勇王，食采何州？荣封何地？望父皇命赐。帝见召文武公卿会议，王侯都左殿张敬春、护国将军薛余庆奏道：广东潮州府，土地美广，驸马有大功勋，望乞封赐。帝准奏，差点军马三千，并差文武官员邓从成等，解运国家钱粮，往广东潮州督造王府。经邓从成回朝复命，帝问众卿："谁保护驸马往广东？"崇都御史范智、刑部尚书冯启应、正殿朝奉郎韦钦玉等议奏，礼部尚书夏英懋、刑部尚书熊普瑞、左殿承信郎萧国扬、右殿修撰魏庆等愿保护送。帝兑潮州三千七百户口免纳粮税，免派差徭，并敕御书券牒宝印。御书云："俾尔子孙世代相承，切莫为非，刑及身家，愿尔后裔俱一体相关，毋得视为涂人。准依皇敕，子子孙孙永谨保守券牒，汝往，钦哉。"驸马与公主至潮州一十八载，生三男一女，容貌端庄，未锡姓氏，择取婚配。崇端殿学士彭光照、大学士范荣奏请皇旨赐姓锡名，帝命赐忠勇王长子姓盘名自能，封南阳郡武骑侯，吏部尚书张敬春之女为婚，封一品夫人；次子姓蓝名光辉，封汝南郡护国侯，户部尚书廖尚惠之女为婚，封一品夫人；三子姓雷名巨祐，封雷州冯翊郡立国侯，刑部左侍郎葛尚辉之女为婚，封一品夫人。一女赐名淑玉，赘钟志深为婿，封颍川郡敌国勇侯，官赐三品。赐各位夫人头戴洁白珍珠，身穿百绸罗裙，紫袍玉带，凤冠霞帔，荣身爵封；忠勇王公主，金精银青夫人，赐姓萧氏，食邑千户侯，封一品夫人。天定十二年六月二十七日，因遊田猎，不料命值凶星，追逐猛兽，跳过大岩，被树尖伤毙，家人寻访不见，幸闻鸦鸟齐集喧闹，遂往寻之，尸骸坠在高崖。求之不得，公主悲哀，具奏圣上，帝闻奏，长嗟叹曰："奈何天其终丧。"命户部尚书梁志晖主理丧事，禁止歌唱，金鼓乐器不许喧哗，及三年以后方可。令其骸骨送葬潮州会稽凤凰山七宝洞石孔中西南隅，子孙世代享祀，加封萧氏公主食邑三千户，蔻葬祈州府石羊县，赠以石人、石马、石狮、石虎。乾元二年，开造广东石室，地名与南京一脉相连，至沉香浦水为界，东至珊瑚州船艄，南至南田洞，西至会稽山埔源，北至埔窖密三洞。原是玄班师七贤洞界址，奉旨勒禁，但有军民人等，不得侵僭。如有违旨令者，许其子孙捉拿到官，依条究办等词。开宝十三年七月二十日,敕修忠勇王祠。①

这一传说与范晔《后汉书·南蛮列传》的记载相吻合,将盘瓠传说记之于史书的,最早见于东汉应劭的《风俗通义》,其他散见于《山海经》《搜神记》《晋纪》《玄中记》《后汉书·南蛮列传》等,其中以《后汉书·南蛮列传》所载最详。从我们在太姥山地区收集到的蓝、雷、李、钟四姓畲族族谱来看,蓝、雷、钟三姓祖谱都记述了盘瓠的故事。

也正是由于对盘瓠传说的信仰,蓝、雷、钟三姓在历次重修谱牒时都会将这一记载放入谱书之首,蓝、雷二姓分别以盘瓠之次、三子为其始祖,钟姓族人则以盘瓠之女婿为其始祖。李姓则认为他们是在明季因廷玉公入赘蓝氏而"由汉转苗"繁衍至今,成为畲族的重要组成部分。

(二)姓氏来源

在《广东盘瓠氏铭志》中,记载了畲族祖先的姓氏来源:"盘瓠王当其时之命,居会稽山七贤洞,生三男一女,高辛氏亲旨敕赐。长赐姓盘,名自能;二赐姓蓝,名光辉;三赐姓雷,名巨祐。女赘姓钟,名志深,敕封骑国侯。"②然而有趣的是在这四姓的祖谱当中,除了强调自己与盘瓠的渊源关系及与帝喾高辛亲赐姓氏以外,又各自都叙述了自己得姓的其他缘由。而这些得姓缘由又大多来自于汉文记载的史事。在叙述了这些得姓的缘由后,又极力将其与盘瓠传说和入闽传说相吻合。如《华洋蓝姓源流简叙》记载:"蓝氏自战国梁惠王时得姓以来,迄今三千余载。"③"蓝姓之始祖据《竹书纪年》载,梁惠王三年,秦天子向命为蓝君(其地在今陕西蓝田县),子孙以地为姓。……公元前三百五十四年,秦子向乃梁之公子,名向,封于秦邑,子爵梁惠王。称王后乃命封于蓝田,子孙蕃衍,支系众多,以地为姓。此为蓝姓之渊源。后以战乱旱涝,乃散处中原各地。秦汉时陪公子孙,南迁江南。隋唐时复迁闽浙赣各省。元时有裔孙蓝玉,从明洪武帝征平诸雄,逐元顺出境,积功封凉国公。洪武二十六年,凉国公以功高遭谮被诬陷,子孙亲戚千数百人由南京潜至鄞县,乘巨槎避难海外。遇风阻,乃于福建连江马鼻登陆,入内地垦荒营生……我鼎邑华洋蓝姓始祖朝聘公与凉国公相距以时间论,约

---

① 雷鋐:《广东盘瓠氏铭志》,《福鼎佳阳双华村钟氏宗谱》,公元戊戌年(1958年)修。
② 吴一峰:《光绪五年蓝氏谱序》,《汝南郡蓝氏宗谱》卷一,1993年修。
③ 《汝南郡蓝氏宗谱》卷一,1993年修。

隔一百八十多年,以世代论约隔七八代。此七八代祖宗名氏因在丧乱流徙时期家乘散佚,未有可稽。后据闽东各蓝姓谱乘及各种志铭续作补充考证,朝聘公实于明朝万历、天启间首迁平邑南陪居住,传至永县(悬)公之子始定居蒲门,其处有祖居十三溜遗址可征。时值倭寇侵扰,乃移居平邑小和垅,其处有地名故址可稽。至于平邑南部,如顶堡岭家山、流岐岙岭等处族人,则为朝聘公远孙支系,其在鼎邑金屿门、王京头、陈家樟、缸窑□、陈其垟、溪美、才煲、洋里,及霞浦南柄、半山楼、水浮岭、青皎、西泰、顺柿洋、柘荣柯岭及未述地名等处族人,皆为朝聘公裔孙之散居也。此乃我华垟蓝姓源流之梗概,其他不经之谈均弃不书。"①

从上述谱序看来,蓝氏的入闽始祖是明初凉国公蓝玉的后裔。因为蓝玉案避难入闽,而这显然与普遍被认为五代十国时随闽王王审知入闽的朝聘公这一蓝氏入闽始祖的历史有所不同。

又如雷氏族谱中出现了类似的情况。《雷氏源流》记载:

> 雷氏是一个古老姓氏,最初为复姓方雷氏,是古诸侯国名。方雷氏起源于榆罔,榆罔为上古帝王,是神农氏之后,政务废弛,诸侯皆归附黄帝。蚩尤之乱,榆罔不能平定,只有依靠黄帝。榆罔的儿子名雷,受父封于方山,故名方雷氏。据《通志·氏族略》,黄帝次妃为方雷氏之女,生子玄嚣。方雷氏后裔以国为姓,后分为方、雷两姓。雷氏的始祖是方榮,系方叔之次子。方叔在周宣王时任卿大夫,智勇双全,曾奉命征伐淮夷,打退北方的狁犹(后称匈奴)。还南征荆蛮,平息了南方叛乱,被追封为豫章伯。夫人祁氏,生二男。启原姓方,榮改姓雷。雷榮,周平王时有战功,官拜郎中丞,后弃职隐居洛阳雷州。因地为氏,改姓雷。子孙奉榮为姓祖。②

《寻根溯源》记载:

> 雷姓来源有三:一出自方雷氏。据《元和姓纂》及《通志·氏族略》所载,古诸侯国有方雷氏,后以国为氏,单姓雷。二出自雷公。据《姓苑》所载,黄帝有臣子雷公,是个名医,精通医术,其后子孙以雷为氏。三是他族改姓。据《姓氏考略》所载,东汉末以及魏晋南北朝时,屠山蛮和南安羌改姓为雷;金时女真人阿典氏汉姓为雷;满洲阿克占氏改汉姓

---

① 蓝溪美、蓝青魁:《华洋蓝姓源流简叙》,《汝南郡蓝氏宗谱》卷一,1993年修。
② 雷志斯:《雷氏源流》,《雷氏宗谱》,1994年修。

雷；颧颇族春雷氏，汉姓为雷；基诺族布衣民，汉姓为雷……①

　　雷姓最初是从中原为其繁衍地，源于北，盛于南……其中迁徙至江西、岭南的雷姓，有一部分融入苗、瑶、彝、侗、畲、壮、黎、布依等族中，雷姓都是大姓，他们有自己的族谱，还涌现出一些有作为的人物。②

很显然，雷氏宗谱里出现的这些"雷"姓源流，与《广东盘瓠氏铭志》中"赐姓雷"的故事并无任何联系，只是根据汉人典籍中关于雷姓姓氏来源的叙述照搬而来。同样的，钟姓宗谱和李姓宗谱也存在着从汉文典籍中寻求祖先姓氏来源的情况。

太姥山地区畲族人一方面笃信蓝、雷、李、钟四姓族源与盘瓠的密切关系，另一方面又都极力在汉文典籍中去寻找自身姓氏的古老来源。从族谱的编撰时间来看，畲族人最早修谱时间不早于清初，年代越晚，对姓氏的汉籍考证越翔实，由此不难看出太姥山地区畲族受汉文化影响逐渐加深的痕迹以及对自身姓氏来源的建构过程。

（三）苗、瑶、畲之辨

畲族人与苗、瑶族群，从体质到信仰再到语言，都有着诸多相关信息，因此有学者认为畲和苗、瑶具有很深的亲缘关系。主张畲族和苗族、瑶族同源于武陵蛮的说法，比较普遍。畲族和苗族、瑶族在历史上关系极为密切，汉文史书上往往把畲族称为"瑶人"、"畲瑶"、"苗"，有些地区的畲族人也自称"瑶人"或"瑶家"，分布在粤东的操苗瑶语族接近苗语支的部分族群，在海丰、惠阳两县被汉人称为"畲人"，但在增城、博罗两县却被称为"山瑶"。部分畲族人也认为他们就是苗族。从太姥山地区收集到的族谱文献来看，这一观点不无道理，现简述如下：

从盘瓠信仰来看，存在共同性。将盘瓠传说记之于史书的，最早见于东汉应劭的《风俗通义》，其他则散见于《山海经》《搜神记》《晋记》《玄中记》《后汉书·南蛮列传》等，其中以《后汉书·南蛮列传》所载最详。南朝刘宋时期范晔所作的《后汉书·南蛮列传》在叙述盘瓠传说后写道："今长沙武陵蛮是也。"

① 雷志斯：《寻根溯源》，《雷氏宗谱》，1994年修。
② 雷志斯：《繁衍布迁》，《雷氏宗谱》，1994年修。

在世界各民族中,以盘瓠为图腾崇拜的有十几个民族之多。① 在国内,信奉盘瓠传说的有瑶族及部分苗、壮、傣、黎及高山族泰雅人等。② 盘瓠信仰已成为这些族群的族群象征,融入了这些族群的文化和记忆之中,其盘瓠信仰的内容与畲族流传的"盘瓠传说"大同小异。在太姥山地区蓝雷李钟四姓畲族保存的族谱中,均有盘瓠故事的记载,这也是畲族族群记忆的关键内容,盘瓠被畲族视为始祖,也是畲族笃信自己为中原正统的关键文本。事实上,在其他地区畲族人保存的《开山公据》(抚徭券牒)和部分瑶族的《迁徙榜牒》(过山榜)中,都载有盘瓠、盘护、槃瓠的传说,畲族的姓氏(盘、蓝、雷、钟)及民间流传的歌谣、祖图以及祭祀仪式等也多与此传说有关。苗瑶系的民族一般都自认为自己是武陵蛮的后裔,从畲族人笃信盘瓠为始祖这一点看,我们是否可以推测,畲族人与苗瑶之间具有较深的渊源关系,而苗瑶畲与长江以南崇拜盘瓠传说的"南蛮"有密切的历史渊源。他们是否同属于武陵蛮之后裔?从《后汉书》的成书时间来看,作者范晔为南北朝时期南朝刘宋之人,《后汉书》记录的是东汉的汉光武帝建武元年(公元 25 年)至汉献帝建安二十五年(公元 220 年)共 195 年的史事,也就是说盘瓠传说应该在此之前早有流传,范晔肯定地说:"今长沙武陵蛮是也。"说明当时的武陵蛮人也认可此传说,换句话说,如果畲族人与苗瑶为同一族系,而苗瑶畲又确信为武陵蛮后裔的话,那就不是今天据说为武陵蛮后裔的苗瑶系的民族建构了华夏正统想象,而是大有可能武陵蛮正是来自帝喾高辛时期的中原。这又与西南苗瑶民族普遍存在认为始祖为蚩尤部落,涿鹿之战后南迁的历史记忆有了几分吻合。

苗、瑶、畲均无文字,盘瓠的故事是靠口耳相传流传至今的,这些民族视盘瓠为始祖,并且形成了一系列的盘瓠信仰体系,它与汉文史书的记载惊人吻合,这是值得深入研究的一个问题。一般而言,神话传说不可全然不信,所谓正史也不可全信,尤其是对一个族群如此重要的族群记忆,在华夏历史过程中一定扮演了十分重要的角色。

从《后汉书》的记载到苗、瑶、畲民族传统的盘瓠信仰以及今日太姥山地区发现的畲族族谱所记载的盘瓠传说,我们可以大致勾勒出苗、瑶、畲民族

---

① 凌纯声:《畲民图腾文化的研究》,《中央研究院历史语言研究所集刊》第 16 本,1947 年。

② 朱洪、姜永兴:《广东畲族研究》,广州:广东人民出版社,1991 年。

迁徙的大致路线,即从三皇五帝时期开始从中原逐渐往南迁徙,在五代十国时期一部分往西迁徙,形成今天的苗瑶民族;另一部分往东迁徙,形成今天闽浙赣地区的畲族。在迁徙过程中,为了凝聚族群认同,争取正统社会地位,将自己的始祖追溯为远古帝王。

笔者在福建永安青水畲族乡做调研时,一位钟姓的畲族人告诉我,当地畲族人以往有一个传统,每年春节前,他们的父辈都会要求他们说一个月的"客家话","现在简省了,但也要说一周的客家话"。他们为啥要刻意"说客家话"?这一传统折射出怎样的一个历史信息?畲族人刻意"说客家话"的目的是为了保留自己的族群记忆,还是为了适应当地的语言环境?这是否意味着畲族人并非当地土著,而是晚于客家人来到福建的移民,为了融入当地客家人的经济社会生活而努力学说"客家话",抑或是强势的客家人迁入福建后,作为土著的畲族人为图存,努力适应强势的外来文化,努力学习外来者的语言?再或者畲族人和客家人原本就有较深的渊源?

从目前畲族人使用语言的情况来看,闽浙一带的畲族没有文字,通用汉文,他们通晓当地的汉语方言。他们使用的汉语和客家方言很接近,1980年的《畲族简史》一书中指出:"畲族有自己的语言,属汉藏语系。畲语和汉语的客家方言很接近,但在广东的海丰、增城、惠阳、博罗等县极少数畲族使用接近瑶族布努语(属苗语支)。福建、浙江、江西、安徽等省以及广东的潮安、丰顺两县的畲族使用的语言属于汉语客家方言,但在语音上与客家话稍有差别,有少数语词跟客家话完全不同,也不是当地的汉语借词,有的跟苗瑶语族的某些语言相近或相同……居住在广东的博罗、增城、惠东、海丰等县的畲族,约一千多人使用的是另一种语言。这种语言跟苗瑶语族的关系要比壮侗语族诸语言的关系亲密得多,特别是属苗语支的瑶族布努语的炯奈话跟畲语更为接近。"1983年,陈其光从畲语、瑶族勉语、布乡间在语、布努语、苗语之间在语音、词汇、语法结构等方面做了系统的比较研究,得出"畲语属于苗瑶语族(瑶语支)"语言的结论。1986年,毛宗武、蒙朝吉在《畲语简志》中指出:"现今说客家话的部分汉族先民大批地进入粤东地区以后,畲族语言发生了巨大的变化。由于畲族先民杂居、散居在生产力比较先进、文化教育比较发达、在数量上又占优势的说客家话的汉族先民中,他们共同开发大自然,共同抗击封建王朝的压迫和剥削,命运休戚相关。在亲密的交往中,汉语、客家话逐步成为他们的共同交际工具。同时,畲语也大量吸收

了客家话借词……最后导致大部分畲族放弃了自己的语言。"①畲族学者蓝周根和雷先根不同意关于"畲族放弃了自己的语言,改用汉语客家方言交际"的观点,他们认为畲族讲接近于汉语客家方言的语言,但与现代客家话又有不同。② 问题是这个"不同"一直是个"谜",是否为古汉语或古越语的残留,或是与瑶语有密切的渊源关系,有待进一步深入探讨。1963 年,中山大学黄家教、李新魁在《潮安畲话概述》③一文中指出:"畲话与汉语十分接近,但也有与汉语不同的特点。"作者对这个"不同的特点"究竟属于哪一种语言,并没有做出进一步的阐明。从广东海丰、增城、惠阳、博罗等县极少数的畲族使用接近瑶族的"布努"语,而畲族人的历史记忆中畲族人是从广东迁徙来到福建的,再加上福建畲族人与西南苗瑶系民族文化上极为接近这一现象看,我们是否可以大胆假设,畲族人原本和苗瑶同源,迁入闽浙后,逐渐形成新的地域文化,语言上放弃了自己原来的母语,融入了客家方言?

从他称和自称上来看,在汉文典籍上,不同时期曾用不同名称来称呼畲族,唐宋时期,称"蛮"、"蛮僚"、"峒蛮"、"峒僚";南宋末年,史书上开始出现"畲民"和"輋民"的称呼。此后,不同时间段有畲、畲、輋、瑶人、畲瑶、苗瑶、苗夷等称呼。20 世纪 50 年代,仍有称之为苗族的,甚至畲族内部也有人认为是苗族或瑶族的。在太姥山地区民国时期纂修的李氏宗谱中,我们看到畲族人称自己为"苗":"廷玉公馆甥蓝姓,恒升公则其父,用汉转苗,肇始于此始祖。"④

(四)番畲之谓

畲族自称"山哈"。"哈",畲族语言意思是"客人",太姥山地区的畲族在清代曾被称为"番畲","番",按字面意义解释就是"外国或外族的",畲族人并不乐意别人称呼他们为"番",或者说并不乐意人们认为他们是外来者。在太姥山地区钟氏族谱里,我们发现了一篇名为《释明番字义》的文章,特别强调番畲是说畲族人是"种植畲禾的人",而不是说畲族人是"番客"。其文

---

① 毛宗武、蒙朝吉:《畲语简志》,北京:民族出版社,1986 年。
② 蓝周根:《畲族有自己的语言》,载《畲族研究论文集》,北京:民族出版社,1987 年。雷先根:《畲语刍议》,载《畲族历史文化》,北京:中央民族大学出版社,1995 年。
③ 黄家教、李新魁:《潮安畲话概述》,《中央民族学院学报》1963 年第 1—2 期合刊。
④ 李台:《民国丙子年(1936 年)新修谱序》,《浙江省温州苍南南港状元内萃菁齐镶版李氏宗谱》,1992 年修。

如下:

清朝乾隆二年(1737年),奉闽省督抚督宪郝卢具奏……奉旨命下,绘书番民图册进览,仍准番民不编丁甲,免派差徭,循例古法,勒石铭禁。十七年(1752年),又蒙查明番字义,历朝来广东、广西、江南、江西等处,皆有蓝雷钟李散居处焉……未见有番民二字名邑,惟福建、浙江固有番名之称,番客之号不知其何谓也?而字书不载番字,惟字典内有番畲二音,释为三岁治田曰番畲,又曰火种也。其义近农民,命抚督部院查核,抚督部院召问老叟,雷有金云:"开山为田,以供赋税,高地无水之处栽种山苗,山苗我们所谓畲禾。该地邻人因我们业种畲禾,遂称呼我们曰畲客。如今之采茶人,俱称曰茶客一类。世人不识其义且不知来历,以猜疑我们往古之日大抵从番而入,捏造入番二字合朗读番字,以是云耳。"奉大宪勒石永禁,示谕建立平阳县衙门首。特授浙江温州府平阳县徐为恩天,一视同仁,恩准照例,禁事抄。蒙分巡温兵备道加三级刘于康熙三十六年(1697年)十一月十七日奉闽浙总督部院郭批。据平阳瑞安县番民雷起定、雷文显、蓝文贵、雷阿七、钟宗法等呈称:定等番民,系出高辛之后,赐姓散居各处,开山为田,以供赋税,不编丁甲,不派差徭,历朝成例,各省皆然。前蒙示禁,一切差徭夫甲以及采买等项,番民概行永免。但法久弊生,瑞平各都,里堡地棍阳奉阴违,每多藉端勒索,稍拂其意,朗①行捏词告害,以致穷番迁徙流离,山田荒废,国赋无归。现在闽省连江、罗源、侯官等,蒙俱示严禁,勒石永革,番黎得安耕凿,叩乞大老爷准照例禁,勒石永革,以苏番困。奉批温州府查报,遂蒙檄行二县,瑞平会同确查看详,蒙道宪批,仰候核转檄。十二月十九日,蒙道宪牌唤定等赴辕,询明以便转详,覆院定夺,随郎(即)禀明始末情由,悉蒙转详督宪。三十七年(1698年)二月十八日蒙批,如常出示严禁,仍饬勒石永革。二月二十四日,蒙道宪颁发告示一道,仰平阳县官吏准照,发下告示一道,张挂前,仍将示内,饬事理勒石永遵,郎(即)刷牌模二纸呈送毋违等。因蒙批,遵备前情,勒石县前。嗣后如有各都里堡地棍,仍前藉端科派番民丁甲差徭以及采买杂项者,许郎(即)指名呈控,重究以凭正法施行,断不宽贷,各宜禀遵毋违,特示。康

---

① 此处"朗"疑为"即"字。

熙三十七年（1698年）五月十六日，给奉平阳县周，重勒石牌永禁示谕，亦建衙门首。署浙江温州府平阳县正堂加五级，纪录十次，周为循例晓谕示禁事。据番民雷向春、钟子评、雷文锦、蓝士嘉、李子远等呈称，身等蒙前代高辛氏赐姓蓝雷钟李四姓，迁居各处，开山为田以供赋税，各省皆然。现在连江、罗源、宁德、福安、霞浦、福鼎、景宁等县均各勒石示禁，不许里堡地棍藉端索扰，身祖雷起定于康熙三十七年（1698年）因地棍叠次扰害，是以会同瑞安蓝文贵呈鸣督宪郭暨道府二宪，蒙仰前宪徐将道宪颁发告示，张挂并将示内事理勒石永革，庶地棍敛迹，身等俱各安居。因上年杨宪重建头门，将碑移开，未蒙重立。身等恐地棍乘牌未立，藉端滋扰，呈请修建示禁等情投县。据此，除查案准其建修外，合行出示严禁，为此示仰合邑居民人等知悉，自示之后，尔等务宜各安本分，不许扰害番民，倘有不法地棍仍然藉端索扰，许被扰之番民协保指名禀县，以凭按律究治，断不宽贷。各宜禀遵毋违，特示。①

以上记录表明，畲族人并不认为自己是"番"或客。但畲族宗谱里又明确记载了畲族人"由海来闽"的外来史实。这看似矛盾的记录也许可以解释为，一方面"番客"意味着非原住民，非"主人"，是"客"，不享有入籍权；另一方面，一些土著也往往被那些自认为是来自发达地区享有更先进文化的外来者称之为番，被外来者反客为主"非主流化"。无论从哪个角度看，"番"都代表着非主流，而不仅仅是外来移民，因此畲族才会一方面在宗谱中记述始祖由中原发达地区来闽的过程，另一方面却很郑重地述明我等"非番"，畲族人为了在闽省获得"主人"身份认同，拒绝承认自己为"番客"。

（五）畲民的盘瓠信仰

正是在笃信盘瓠是畲族传说中始祖的基础上，畲族形成了自己的盘瓠崇拜礼仪和信仰意识。盘瓠故事不但家喻户晓，口口相传，而且这种信仰还贯穿到他们的服饰、舞蹈以及宗教仪式中。在很多地方，"祭祖"也被称为"祭祀盘瓠"。把民间家喻户晓的盘瓠故事编成《盘瓠歌》，绘成"祖图"，刻在"祖杖"上，畲民视之为不可侵犯的"圣物"、传家宝。"祖图""祖杖"平时由族人轮流保管，秘而不宣，不让外人观看，逢年过节祭祖时，厅堂悬挂"祖图"，

---

① 《嘉庆七年（1802年）释明番字义》，《颍川郡钟氏宗谱》，共和癸酉年（1993年）修。

摆放"祖杖",族长领唱《高皇歌》,诵读祭文。族人按辈分,依次顶礼膜拜。16岁的男子须在此时举行"度身"——成丁礼。据史书记载:"父已祭祖,子必祭祖。否则父亡时,子就不能作孝子治丧,必请曾祭祖者为孝子,代治丧之责。治丧时必邀请祭祖者八人,青红各色祭衣,在死者灵或祖先前歌舞,名曰功德。未做功德则不得葬,葬则认为不吉。如不能葬,则置之壁,一切器物皆可置其上。孝子、孝妇必跪门外迎吊者。"景宁畲族"时而祭祖,则号为醮明。其属相贺,能举祭者得戴巾以为荣,一举衫则蓝,三举衣旦红,贵贱于是乎别矣"。畲族"仅以两竹箱置香炉、红布袋及图像,香炉雷姓五只,蓝姓六只,合其派行之数。红布袋中则置木刻龙头,饰以金箔,垩以朱漆,对此物极尊视,且极秘之。盖即所谓盘瓠之像也。其人祭祖,则挑箱至其家。在昔,祭必三年,后改三月,又改半月,终以财力不胜,今改三昼夜。祭时,悬画像于堂中,前列香炉,祭者高声歌唱,唱后遂食,食后更唱,每日食数十次。其所以视祭祖为荣者,或即以如此唼嚼,非一般人财力所能胜审"。各地畲族的祖灵崇拜对象不尽相同,有的为崇拜始祖,如上面提到的盘瓠崇拜;有的崇拜始祖的儿子盘自能、雷巨祐、钟志深;有的为远祖,如福建泉州惠安县钟厝村,畲民每年均要举行隆重的祭祖仪式,但他们祭祀的不是传说中的始祖盘瓠,而是钟厝的奠基者。此外,畲族尊崇族内英雄、神祇,认为崇奉的家族祖先神、民族人物神会保佑畲族子孙繁荣昌盛。

进入闽东的畲族受闽赣道教盛行的影响,在盘瓠信仰的基础上,融入了许多道教信仰的科仪内容。畲族对道教的接纳,首先表现在对始祖盘瓠与三清,尤其是太清关系的理解上。畲族在重要的场合要挂三清画像和祖图。畲族奉太上老君为本民族的保护神,无论是畲族的法师作法,还是普通畲民唱山歌,都有道教的痕迹。佛教虽然也渗透在畲族信仰的民俗之中,他们十分信奉佛教中的救苦救难的观音菩萨,但畲族人真正的僧尼或居士却很少。畲族信仰山神、树神、石神、土神、谷神、猎神等自然神。所谓的"五谷神",也就是"神农大帝",俗称"五谷先帝"。所谓"土地神",就是福德神,俗称"土地公"。畲族乡间到处可见小型的土地公庙,每年农历二月初二日,为土地公生日,畲族人都要进行祭祀。畲民祭祀这两位神明,在于向他们祈求风调雨顺,五谷丰登。

回族的移居、族谱编纂与历史记忆

严 丹

回族是我国分布最广的少数民族,回族先民经海路和陆路来到中国,在历史的发展中吸收和融合了多种民族成分,形成了以伊斯兰教为纽带的一个民族共同体。一般而言,我们熟知回族主要分布于西北地区,但在东南地区也有他们的聚居区,尤其是福建沿海地区。历史上,福建因其优越的地理位置,海上交通发达,对外贸易繁盛,也成为一部分回族的居住地。其中福鼎秦屿就是回族在闽东沿海的一个聚居地。秦屿自古以来就是闽东地区重要中心集镇之一,海陆交通便利。秦屿宋代称縻屿,因岛上有"榛树"而得名。清乾隆三十一年(1766年)始设秦屿巡检司。民国初为秦屿区,民国二十九年(1940年)设秦屿镇。1958年成立秦屿人民公社,1961年恢复秦屿区,1968年设秦屿人民公社,1982年改为秦屿区,1987年复称秦屿镇,2010年秦屿镇改名太姥山镇。秦屿的回族主要是丁姓,人口计有299户1708人。

一、秦屿丁氏回族迁移太姥山地区的历史

丁姓回族是福建省回族的一个重要组成部分。回族的形成经历了一个从"蕃客"、"回回人"到回族的过程。福建回族最早可以追溯到唐代侨居泉州的穆斯林"蕃客",到了宋代,因无力抵御马上民族的侵袭,北方汉人纷纷迁到南方避难,福建当然也是迁入的地区之一。南迁的汉人促进了福建经济的发展,福建作为此时经济文化较为发达的地区,且距离南宋政治重心临安不远,被南宋王朝视为重要的经济来源区。唐宋时期开放的商业政策,促进了阿拉伯、波斯等地的穆斯林商人与中国商人的商业往来。元朝时,朝廷

采取的是"放牧"式管理方式,来往于东西方之间的商人络绎不绝,他们不仅从陆路往返于东西方,还从另一条连接东西方商品交流通道——海路进入。泉州由于优越的地理条件成为中国东南商品经济十分活跃的地区,海港经济日臻繁荣,吸引着世界各国商人前来从事商贸活动,也成为福建"回回人"聚居的主要地区。

元朝时世界各国人士纷至沓来,其中以阿拉伯地区穆斯林人数为多,他们在泉州或为官、或经商、或传教。丁氏回族先祖赛典赤瞻思丁乌马儿就是在这一时期来到泉州经商的穆斯林商人。正如丁氏族人所言,丁节斋"自苏货贾于闽泉,卜居泉城"①,现在的子孙也记着祖先的来历,"七百多年前,我们丁氏回族先民踏着'丝绸之路'自阿拉伯国家而来,他们带着善于经商的能力,带着异地蓝文化,在中国与博大精深的文化握手和对话,终于见证了世界上这两大古代文明的交融结合,一个崭新而独特的族群形成——丁氏回族"。②

由上可知,丁氏回族祖先最先在泉州定居生活。元末,江南大乱,泉州色目人遭打压驱逐,丁氏祖先被迫寻找新的居住地,并取始祖赛典赤瞻思丁的末字为姓,取"丁"为姓以避祸乱,隐藏色目人的身份。丁氏三世祖在世时来到陈埭,但真正开拓基业的是四世祖丁善(号仁庵)。从族谱看,丁仁庵"先自苏州籍居晋江之文山里。元至正末,随父大皋公徙居城南门外二十里许,是为陈江"③。丁善"植业于城南之陈江,因迁居焉。业日以拓,族日以大,子孙至今广被其泽,绵绵无替"。④

为何选择陈埭,有学者认为是由于经济原因,并在迁居陈埭后由经商转向务农。⑤关于这一点,在丁氏族谱中也有记载。《丁氏宗谱》载,四世祖丁善在其妻的劝导下,携带年迈父母,选择了泉州湾东南畔的滨海乡村陈埭,将大部分的商业资本转为了农业资本,既实现了汉文化以农为本的经济转

---

① 泉州历史研究会编:《泉州回族谱牒资料选编·丁氏谱牒》,1980年油印本,第1页。
② 丁锡洲:《丁姓回族源流》,《丁氏宗谱》,2006年重修本。
③ 丁自申:《仁庵府君传》,《丁氏宗谱》,1984年重修本。
④ 泉州历史研究会编:《泉州回族谱牒资料选编·丁氏谱牒》,1980年油印本,第1页。
⑤ 罗立华:《陈埭丁姓回族的源流及迁居陈埭的原因》,载《陈埭回族史研究》,北京:中国社会科学出版社,1990年,第43页。

型,又避免了家族财产的受排外风潮的袭击。为在恶劣环境中生存,丁善率众与当地人整修水利,开垦荒滩,改荒僻的土地为可爱的家园,最终以其坚韧不拔的群体精神获得周边汉人的认同和尊重。

丁氏祖先入泉州居陈埭,与汉人通婚、转商为农,在形式上、思想上、象征仪式上接纳了汉文化。而与此同时,丁氏祖先又将本族群的隐喻留在陈埭丁氏祠堂的建筑中、泉州灵山的墓群中和人们的传说中。在与汉人的接触、互动和交融,丁氏家族不断充实和壮大,从而形成一个汉文化和伊斯兰文化的交织发展的独特群体——丁氏回族。子孙繁衍,逐渐成巨族。①

在《仁庵府君传》中记载,仁庵公迁到陈埭后,"环江居负海,而海潮所往来处,其地卤洿,宜生海错诸鲜。居民受产以为业,谓之海荡。沿海弥漫,一望数千顷,大约产以什计,公有七八,其二三则公与为宾礼者得之,而他不与焉"。② 以上陈述表明:丁善迁居陈埭后,积极从事农业生产,利用靠近海边的优势,获得海产品,并开垦荒滩,发展农业经济,家庭不断殷实。丁氏祖先在社会动荡的情况下,为了维持生计,被迫改变生产方式,迁居其他地方,与汉人通婚,转商为农,在形式上、思想上、象征仪式上吸收汉文化。在与汉人的接触、互动和交融中,丁氏回族不断充实,凭借自己的实力在迁居地占有一席之地,繁衍壮大。

前文对丁氏回族定居陈埭进行了陈述,是因为秦屿丁氏回族祖先"皆来自泉州晋江陈埭",③经常往来于闽浙地区从事商业活动。据族谱记载,最早迁至秦屿的始祖是清顺治年间陈埭第十世祖丁象江。之后,从十一世至二十世,相继迁居秦屿及其周边地区的共有十七个不同房分。其中三个房分在打水岙,一个房分在巨口村,十三个房分分布在秦屿街(除一房在本街后岙外,其他一十二房皆聚集秦屿街尾),俗称"街尾丁"。第十七世、第十八世、第二十世迁入秦屿的人数较多,大部分在道光年间。④

---

① 丁锡洲:《丁姓回族源流》,《丁氏宗谱》,2006年重修本。
② 丁自申:《仁庵府君传》,《丁氏宗谱》,1984年重修本。
③ 丁金满:《秦屿丁姓回族谱序》,《丁氏宗谱》,2006年重修本。
④ 丁金满:《秦屿丁姓回族谱序》,《丁氏宗谱》,2006年重修本。

表 2-1 丁氏迁入秦屿情况表

迁入世祖	迁入时间	迁入地点
十世祖丁象江	顺治年间	打水岙
十世祖（世发公之曾祖）	顺治年间	后岐
十三世祖莲英公	康熙年间	打水岙
十四世祖克正、克生、克旺公三兄弟	康熙年间	后岙
十四世祖颖哲、颖翁公	乾隆年间	打水岙
十六世祖君默公、光来公	乾隆年间	街尾
十七世祖愧亭公、士卿公	乾隆年间	街尾
十八世祖进安公	嘉庆年间	街尾
十九世祖士庆公	嘉庆年间	街尾
十七世祖得兴公	道光年间	街尾
十八世祖协雄公六兄弟、寿昌公、寿桃公、太极公	道光年间	街尾
十八世祖光雄公	道光年间	店下三门台村
十八世祖成九公	道光年间	巨口村
十九世祖亮吓公、仕玉公	道光年间	街尾
二十世祖光章公	道光年间	三角埕
二十世祖光声公	咸丰年间	街尾

资料来源：丁锡洲：《丁姓回族源流》，《丁氏宗谱》，2006年重修本。

迁入秦屿的还有殿公、桃阿公、朝今公、客公等，但目前还不知道他们是何时迁入，有待考证。

丁氏在迁入秦屿后，随着生活的稳定和经济状况的改善，迁入秦屿的丁氏族人越来越多。由于迁入者的生活经济状况的改善对居住在原地区的本族人产生了吸引力，吸引着他们不断地往迁入地迁徙，秦屿成为福鼎地区较大的丁姓回族聚居点。"福鼎城关丁姓回民之祖先来自泉州陈埭丁姓子孙，丁嘉庆、咸丰年间前来桐山水北溪、三满、浮柳洋、岭边，白琳车洋、牛埕仔、沙埕大白鹭、白露坑等处的丁姓回民之祖先皆来自苍南桥墩、后隆。沙埕街的丁姓回民则是直接来自陈埭"。①

① 丁锡洲：《丁姓回族源流》，《丁氏宗谱》，2006年重修本。

秦屿自然条件优越,海湾滩涂面积较大,可以仿陈埭围海造田,是定居发展的好地方。秦屿丁氏的祖先为何迁入秦屿,据族人说,丁氏祖先居住在晋江陈埭,经常往返于闽浙一带贩卖蛏干,"因遭遇台风,不时避风于秦屿港的打水岙,见秦屿海湾滩涂面积大,风浪小(当时秦屿海滩伸延至瓜园,虎头岗岭下)列祖依照发祥地陈埭围海造田的营生之道,认定秦屿乃围海塘、种早稻、养蛏苗、讨小海之良地","迁秦丁姓各房祖先历尽沧桑,艰苦磨炼,以我族人不畏艰难险阻的坚强性格,施展先祖善于经营与生存的能力,在秦屿这块富饶肥沃的土地上成家立业,发家致富"。① 丁氏祖先在秦屿生根发芽,与当地人民共同开发秦屿。

丁氏回族祖先不仅善于经营,积极发展农业,还参与城市各行业的活动,为这些地区的经济发展做出了重要贡献。丁氏始祖节斋公,"往贾于泉中,因卜居于城南隅"。三世祖"硕德公商贩于外,往来于苏泉之间"。仁庵公"为人倜傥志大,以才略雄于里中。陈江故多巨姓,著代年远,自公居后,择一二门第相埒与为宾礼,而诸族无不俯首承伏。环江居负海而海潮所往来处,其地卤洿,宜生海错诸鲜。居民受产以为业,谓之海荡。沿海弥漫,一望数千顷,大约产以十计,公有七八,其二三则公与为宾礼者得之"。② 由于丁氏祖先善于经营,又积极发展农业,经济实力逐渐增加,并成为当地有影响力的家庭。丁善的妻子庄氏,其家族在当地有着较高的社会地位。封建社会严守尊卑有别的等级制度,如果没有足够的实力,是不可能与当地有名望的家族通婚的。秦屿丁氏祖先迁入后,发奋图强,吃苦耐劳,勤俭持家,个个是生产的能手。他们给当地人多留下的印象是"长辫子头顶盘,闽南话嘴边挂,赤双脚结裆穿,夜当日拼命干"。经过几代人的不懈努力,从养殖种稻,小本生意做起,逐渐发展成富有名气的经济团体,在20世纪二三十年代事业达到鼎盛,形成了一些有名气的商号,如丁信美、丁乐记、丁泉记、丁济春、丁传庆、丁通盛等商号,为当时秦屿一带经济的发展做出巨大贡献,名噪一时。秦屿镇有"街尾丁"富裕昌盛之誉,与当年"城里王""半街王"齐名,流传于世。

丁氏除了积极进行商业活动外,还参与当地社会政治活动。《渤齐姻翁传》记载:公"秉性刚直,作事果决,屡以危言笃论警醒乡人。自公出而乡里

---

① 丁金满:《秦屿丁姓回族谱序》,《丁氏宗谱》,2006年重修本。
② 《仁庵府君传》,《丁氏宗谱》,1984年重修本。

之雀鼠全消,受理论怒骂者,皆称颂之,卒无由罢之者。迄今遇有纷争,难于排解,犹共念其名而不置。盖其志操计"。① 可见丁氏家族在当地是有一定的社会威望的,乡人遇有纷争,也请其调解,维护当地社会秩序。在《锡元先生传》中也记载有"先生性刚方而心廉慈,亲邻有急难必力为排解,遇贫穷者济之。咸丰三年水涝为灾,独鼎力招伙,借资运谷,平价救荒"。② 面对灾害,锡元先生以一家之力救助,不仅是他有雄厚的经济实力,也体现了他对当地社会状况和民众的关心。

丁姓先民经海路来到泉州,后由于经济与政治原因迁往福建其他地区。丁氏迁入秦屿,带动了秦屿社会经济的发展。丁氏先民以商业经济为媒介,与汉族及其他民族世代密切交往。数百年来,丁氏回族与其他民族一起为福建商业经济发展做出不可低估的贡献。现代的秦屿丁氏,在市场经济中勇立潮头,在经济发展中不断调整和优化产业结构,建立起雄厚的产业基础,"各家各户走富裕道路,呈现兴旺发达的新局面。人才辈出,风气开通,每年数十名大中专毕业生奔赴科技、教育、商业、行政管理各种行业"。③ 为本地经济文化的发展和国家的进步贡献力量。

二、从族谱看秦屿丁氏回族的形成与发展

宗族是拥有共同祖先的人群集合,通常在同一聚居地,形成大的聚落。一个宗族通常表现为一个姓氏,并构成居住聚落。宗族是凝聚同姓一族的重要组织形式,同时,宗族制度是中国封建社会治理的基层管理制度,它维护本族的利益,规范本族成员的行为,一直为封建统治者和世家大族所重视。

明代中叶以后,福建的社会经济变迁及其在福建地区形成的特殊社会环境对福建宗族制度的兴盛和完善有着巨大影响,④家族组织不断完善,家族制度日渐严密。这种严密且兴盛的家族制度不仅影响着汉族社会的宗

① 朱雯:《渤齐姻翁传》,《丁氏宗谱》,1984年重修本。
② 李培因:《锡元先生传》,《丁氏宗谱》,1984年重修本。
③ 丁金满:《秦屿丁姓回族谱序》,《丁氏宗谱》,2006年重修本。
④ 陈支平:《近五百年来福建的家族社会与文化》,北京:中国人民大学出版社,2010年,第13页。

制度发展,少数民族也模仿建立完善自己的宗族制度。郑振满在《明清福建家族组织与社会变迁》中将宗族组织分为三种基本类型,"一是以血缘关系为基础的继承式宗族,二是以地缘关系为基础的依附式宗族,三是以利益关系为基础的合同式宗族"。① 丁氏回族虽属于少数民族,但他们与汉人一样修撰本族的族谱,修建祠堂,有族产,建立了自己的宗族组织,并形成了乡土认同,形成了以血缘关系为基础的继承式宗族。从丁氏宗族的发展来看,它分家不析产,并且有族产,对族产的管理由各房轮值,族人之间具有明确的权利和义务,在继承关系上相对公平。乾隆五年(1740年)撰写的《祀田记》中就记载了丁氏祭田的管理,"聘定八房捐用,历年祭祀亦依房数轮流。业既告祖,拈阄排定次序,参酌公平配搭。亲疏长幼,各随造化。值祭毋许觊觎纷更"。②

在丁氏回族的形成发展过程中吸收了汉族文化,仿效汉族建立宗族制度,形成了其宗族文化,并将其运用到实际社会生活中。宗族制度在丁氏回族的生存发展中也发挥了多方面的作用。少数民族建立宗族是为追求平等的自我意识的反映,是因社会政治经济因素造成的。他们力图找寻一种正统性,以适应社会环境,他们的这种做法"并不仅仅是在强大而急迫的汉族压力下不得不拥有的一种伪装,而应该看作是位于中国社会边缘部分的人们表达自我意识的一种形式"。③ 在元末动乱的社会环境下,丁氏祖先改姓"丁",以隐瞒少数民族身份,不仅是为了躲避灾祸,力求生存,也是意图在恶劣的政治环境下,争取与汉人同等权利地位的自我保护。

丁氏回族在建立自己的宗族组织时吸取了汉族的宗族建设方式,仿效汉人的做法,他们建立祠堂、修撰族谱,设立祭田、族产,以凝聚宗族成员。祠堂、族谱、祭田是维持家族制度的三大支柱,因此,下文将从祠堂、族谱、祭田三方面阐述丁氏回族宗族的形成与发展。

祠堂是宗族的象征,是供奉祖先牌位、举行家族各种活动和处理家族事务的场所。它记录着家族的辉煌与传统,是家族的圣殿,是凝聚团结族众的

---

① 郑振满:《明清福建家族组织与社会变迁》,北京:中国人民大学出版社,2009年,第47页。

② 《祀田记》,《丁氏宗谱》,1984年重修本。

③ [日]濑川昌久著,钱杭译:《族谱:华南汉族的宗族、风水、移居》,上海:上海书店,1999年,第226页。

场所。祠堂被视为高于一切,维系家族命运,神圣不可侵犯。它往往是城乡中规模最宏伟、装饰最华丽的建筑群体,不但巍峨壮观,而且注入汉族传统文化的精华。祠堂的营建是全族人共同意识的体现。福建的家族祠堂的建造,可追溯到唐朝和五代时期。① 明代中叶以后,福建民间家族祠堂的建造进入繁荣时期。在福建丁氏回族中,位于陈埭的"丁氏大祠"是福建省内历史最悠久、规模最宏大、保存最完整的回族祠堂,是丁氏的最高祭祖单位。在各丁氏回族的聚居地则建州分祠,以供当地族人祭拜。

最早提出修建丁氏祠堂的是三世祖丁硕德(即丁夔,字大皋)。明万历二十八年(1600年)的《重建闽泉丁氏祠碑记》就记载了祠堂修建的情况,"硕德公,徙居陈江,遗命诸子,即所居营焉"。丁硕德元末随先祖由苏州举家迁居陈埭,硕德公于明洪武十二年(1379年)去世,临终前留下了要儿子们在所居之地建立祠堂的遗嘱。丁夔次子丁善(仁庵公)"为人倜傥志大,以才略雄于里中",其父去世时他正直壮年,且在陈埭已居住数十年,家底殷实,完全有能力修建祠堂。他继承其父遗命,修建丁氏宗祠。丁氏宗祠自建立后,嘉靖四十年(1561年)毁于战乱。承德公丁怪"伤之",对其子丁自申说"不可以当吾世而湮宗祠"。"梧州公捐金营建,广大如旧,犹歉于未备,而谆谆嘱其子也。顷计部君谒告归,聚族而谋,金谓是役也,巨匪群力弗济,计部君慨然曰:'父命之矣,吾乌敢自爱其力,悉罄禄余,规画详恪。'族人附祠而合者,咸愿以地归焉。君愿输其直拓祠地,周围可七十余丈。综其数几千余金,五阅月而告竣事。门庑轩敞,寝室靓邃,庭墀闳豁,飨馈有室,齐庖有所"。② 可见丁自申对宗祠进行了大规模扩建,使得丁氏祠堂"自承德公而下营之几三世,乃今赫赫奕奕,逾用改观,惟宗祐实赖之"。对于此次修祠,后人也是颇有感慨,不敢忘记先人的功德,"今承德公追远一念,子若孙克缵绪而恢张之。且今丁氏之子姓,骏奔对越者,仰思祖德,俯笃本支,是报本之孝,睦族之仁,一举两得也,于以风世厚矣"。③

此后,丁氏宗祠在清代先后进行了多次重修。嘉庆十四年(1809年)的修缮耗资颇大,历时两年完成,"费计一千余两白银,造价之巨,工时之久,规

---

① 陈支平:《近五百年来福建的家族社会与文化》,北京:中国人民大学出版社,2010年,第26页。
② 《重建闽泉丁氏宗祠碑记》,《丁氏宗谱》,1984年重修本。
③ 《重建闽泉丁氏宗祠碑记》,《丁氏宗谱》,1984年重修本。

模之大，特别值得赞念的是别具一格，建一回字形，以做回族之象征，皆仿构于陈埭祖祠也"。修缮的祠堂"正殿五大间，左右侧各三间，一内庭，一外庭，中一进房，大门左右各一小门，正殿左侧一厨房，前三间楼房前街道"。① 1960 年秋被水冲毁，1984 年由族人捐款，政府又拨款 60000 元，对宗祠进行了全面的修缮。

迁入秦屿的丁氏也不敢忘本，民国初年，秀才丁如焕倡议建立丁姓祠堂，甚得广大族人支持，但"斗志未酬身先死，长使族人望落空"。建立祠堂虽未成，但是族众自发而起，在街尾设置一处"公妈厅"，以供族人春秋二祀之场所。在"文化大革命"中破除"四旧"被迫废止。1997 年，泉州陈埭丁姓族人慷慨解囊，一次性筹集人民币 8 万元捐助秦屿丁姓建造祠堂。1999 年，选择回民豆制厂为基础动工，翌年完成主体一层，因资金不足及一些人为的障碍，暂时停工。② 迁至秦屿的丁氏由于房支较多，且迁入时间不一，建有多处小宗祠或祖厅，今日所见的秦屿丁氏祠堂是族人共同捐资，模仿陈埭丁氏大祠修建的，于 2008 年落成。祠堂内供奉列祖列宗牌位，福鼎丁氏回族每年都会聚集于丁氏祠堂祭拜祖先。丁氏祠堂整体仿造陈埭丁氏宗祠，三进两廊环抱"回"字形结构，以阿拉伯文字及图案进行装饰，充分展示了伊斯兰文化的特色。秦屿丁氏宗祠被福建省文化厅编入《八闽祠堂大全》，③2013 年入选福建省新农村文化促进会第一届"文明宗祠"。

修族谱是宗族建设的又一项重要工作。修谱的目的是尊祖敬宗，族谱把同一始祖或同一房祖之下的子孙合于同一族谱，使族人明了同一祖先传承的纵向关系及同族、同房之人的横向关系，懂得长幼尊卑、亲疏有序，并在祖先的认同中，实现百殊归一、同宗一体。④ 族谱是记载一个以血缘关系为主体的家族世系繁衍和重要人物事迹的特殊图书体裁，具有区分家族成员血缘关系亲疏远近的功用，是中国封建宗法制度的产物。在中国社会，修族谱很普遍，随着历史的发展，修谱逐渐由官修转向私修，族谱所录内容不断丰富，其功用也不断增加和变化。"如果说祠堂是用血缘关系把族人牢固地扭结在家族组织上的活动中心，那么族谱、家乘的修撰，便是为家族组织的

---

① 丁建海：《述悬》，《丁氏宗谱》，1984 年重修本。
② 丁金满：《秦屿丁姓回族谱序》，《丁氏宗谱》，2006 年重修本。
③ 福建省文化厅：《八闽祠堂大全》，福州：海潮摄影艺术出版社，2002 年，第 251 页。
④ 郭志超、林瑶琪：《闽南宗族社会》，福州：福建人民出版社，2008 年，第 68 页。

活动建立完备的档案材料"。① 通过族谱的世系记载,将族人与先祖联系在一起,使族人获得历史记忆。有了这种记忆,宗族根基得以生成。

谱牒是封建宗法制度的产物,是汉族社会强调宗法意识和血缘关系的体现。在与汉人长期接触的过程中,丁氏回族也吸收了汉族的这一做法,仿效汉人编修谱牒。丁氏非常重视族谱的修撰,认为族谱能弥补王政所不能到的地方。"谱者,补也,所以补王政之不及也",可以百世"传核意核""而亲疏之制明"。② 一家之姓,"载之谱牒,奠世系,序昭穆。虽传之百世,昭然可考,不至数典而或忘,固所以敬宗而修族也"。③ 先人重视族谱,当代丁氏族人也深知族谱的重要性,"国之有史,家之有谱久矣。谱者,补也,补国史之不足也。吾族于修谱之便,略谈一二,以告后人之重视。自一九七九年正月十九日,闽泉陈埭恢复回族后,我厚隆亦于一九八零年八月九日继而恢复,且温州瑞安、平阳和福鼎相继恢复。没有谱不但族历不明,支派不清,辈分乱,迁徙忘,生卒失,婚嫁混等等,谱之重在于此",④"有谱则世系不乱,善恶依然可辨……修谱的目的在于发扬中华民族传统,继承我族奋发图强,艰苦创业。激励晚辈团结一致,努力向上,再创我丁氏回族之辉煌"。⑤

族谱首先记载族源。在《厚隆丁氏族谱》中就记载:

> 余读丁氏谱录旧闻,系其先衍夏公所纪。溯其家世所由来,有云由赛典赤回瞻思丁,其语颇难通晓。后阅李氏《因果录》中载《将官章》有曰赛典赤瞻思丁,回人也,仕元官拜平章事,国言赛典赤,华言贵族也。瞻思丁为将宽仁,抚绥云南,而萝槃城悉降。其卒也,百姓巷哭,交趾来奠。有五子九孙,厥后贵盛,由元迄明,支庶散处于四方。去夷姓而以末字为氏,未可知也。衍夏公云。此纪得诸从祖毅斋公所遗手书而证之,以《因果录》之说,且说毅斋公去瞻思丁之征萝槃仅百余岁,其时未远,言必可据。然而世系究无得而稽焉,故丁氏之由苏入泉也,则惟以节斋公为始祖。前则阙之而已矣。其迁陈江也,则自硕德公。其分三派也,则自仁庵公。其从闽而来斯土也,则诚齐公之后,曰谧齐公,实为

---

① 陈支平:《近五百年来福建的家族社会与文化》,北京:中国人民大学出版社,2010年,第30页。
② 陆深:《丁氏闽泉旧序》,《丁氏宗谱》,1984年重修本。
③ 苏绍东:《厚隆丁氏宗谱序》,《丁氏宗谱》,1984年重修本。
④ 丁建海:《述恳》,《丁氏宗谱》,1984年重修本。
⑤ 丁金满:《秦屿丁姓回族谱序》,《丁氏宗谱》,2006年重修本。

今厚隆之始祖焉,夫不经离乱不知。①

族谱的族源记录强调血缘关系,一方面是要维护家族血缘的纯洁性,另一方面,虚虚实实的建构先祖以前的历史,这样的故事逐渐形成宗族的集体记忆,为族人信任与牢记,并不断地沿袭相传。

《丁氏闽泉旧序》记录了丁氏在明代发展壮大的过程,"陈江之有丁氏,自讳谨府君始。丁氏之有谱,则始于毅斋府君之孙文范也。文范讳义,举孝宗乙丑进士,直道雄才,历试郡邑。敦本好古,有天下之志。此谱之作,殆其一也"。②苏绍东著的《厚隆丁氏宗谱序》云:"丁氏为闽省望族,自谧齐公徙居昆阳,植基树本,三燕公、四燕公世济其美,诚可谓贤豪间者矣。厥后子孙繁衍,支分派别,或食旧德之名氏,或服先畴之畎亩,粲乎隐隐,各得其所,讵非祖宗功德,涵煦于数百年之深耶。"③

记录本族著名人物是族谱的一个重要内容,在丁氏族谱中就对始祖赛典赤瞻思丁的事迹做了详尽的记载。赛典赤瞻思丁是元初著名政治人物,官至平章政事,被封为咸阳王,收服了萝槃(今缅甸),使"西南诸夷翕然款附"。赛典赤瞻思丁"为将宽仁,扶绥云南",云南"无礼仪,男女往往自相配偶,亲死则火之,不为丧祭。无粳稻桑麻,子弟不知读书。赛典赤教之跪拜之节,婚姻行媒,死者为之棺椁奠祭,教民播种,为破池以备水旱。创建孔子庙,明伦堂,购经史,授学田,由是文风稍兴云南。民以贝代钱,是时初行钞法,民不便之,赛典赤闻于朝,许仍其俗。又患山路险远,盗贼出没,为行者病,相地置镇,每镇设土酋使一人,吏一人,百夫长一人,往来者或值劫掠,则罪及之"。④为何摘抄《元史》中关于赛典赤瞻思丁的记载,笔者认为是将赛典赤瞻思丁的事迹让更多的丁氏后人知晓,以凝聚团结本族。丁锡洲在2006年丁氏族谱的重修本中也记录了赛典赤瞻思丁的事迹。在1984年重修的族谱中,还记录了仁庵公、诚斋公、渤斋公、锡元公、少锡公等人事迹;2006年重修的族谱中则将丁氏宗族一百多名"族贤"列表记载,称为"秦屿丁姓回族宗亲族贤录"。仁庵公被认为是丁氏入陈埭的祖先,其事迹在丁氏族谱中也有详细记载,现作一引录:

---

① 朱凤辉:《厚隆丁氏宗谱序》,《丁氏宗谱》,1984年重修本。
② 陆深:《丁氏闽泉旧序》,《丁氏宗谱》,1984年重修本。
③ 苏绍东:《厚隆丁氏宗谱序》,《丁氏宗谱》,1984年重修本。
④ 丁建海摘抄《元史》,《丁氏宗谱》,1984年重修本。

公讳善,字彦仁,仁庵其别号也。其先自苏州籍居晋江之文山里。元至正末,随父大皋公徙居城南门外二十里许,是为陈江。今族姓枏居江上,公所贻也。公为人倜傥志大,以才略雄于里中。陈江故多巨姓,著代年远,自公居后,择一二门第相埒者与为宾礼,而诸族无不俯首承伏。环江居负海,而海潮所往来处,其地卤洿,宜生海错诸鲜,居民受产以为业,谓之海荡。沿海弥漫,一望数千顷,大约产以什计,公有七八,其二三则公与为宾礼者得之,而他不与焉。

国初更定版籍,患编户多占籍民,官为出格,稍右军盐二籍,欲使民不病于为军而乐于趋盐。公抵县,自言有三子,愿各占一籍,遂以三子名首实而鼎立受盐焉。其地无盐之产,而有盐之征,公之意,第急于应令,然亦自知其后必繁衍,果可无累于斯役也。观此而公之慷慨好施可知矣。时海内甫定,尚袭蒙古色目人之旧,里社好为白莲会,摇惑众志,官虽厉禁,犹弗戢。有司廉公行谊,使纠于乡。公发雁沟诸党触禁,自请以官治之。新令方严,而犯纲者众,致狱岁久不能决,奏下刑部,逮公与诸党至京,连及公之长子俱系狱。按法,奏十人以上大罪不实,当论死。而诸党扬扬得志,希公父子毙死狱中,即骸骨不能还址墓矣。会有写真者,高皇帝召写御容,酷爱其似,忌复为人传写,幽实于狱,一见公,叹曰:"公非狱中人也,当有遐福。"索纸为公图小影片幅以遗公,且曰:"后当无忘余言。"是夜,(公)梦狱卒唱云:"北风吹倒玉栏杆,救出狱中苦难,还白头老子归去,始知天理循环。"唱数遍,歌声朗朗。公惊起,拊长子背曰:"传真者之言,岂固有验哉?"已而果大风陨部栏石。尚书检狱,察公冤。覆讯再四,阴置诸党仿作白莲社状,就众中褫其巾帼,诸党尽伏辜无辞。其狱奏闻,乃治诸党十八人编成,而出公父子于狱中。其小影夹置衣领中以行。公归,犹数十年,老于家,寿终八十有八。

论曰:夫观仁庵公,可不谓天道无亲,常与善人者哉!方公系狱论死,度生还无日矣,向非大风明公之冤,以儆夫司寇者,则囹圄之下,幽同屋蔀,何有于公之一死耶?今吾子姓食指数千,皆饱公之粒。夫苟不力为善,以不佑于天者,非公子孙也。申岁时瞻拜公像,见公时虽在狱中,而眉宇英气袭人,彼写真者得以鉴其貌,而验诸后毫发不爽也,抑古之所谓有道者欤。

这些记录不仅让丁氏后人记住先人的事迹,更是让后人学习他们的精神和为人处世的方式,形成共同的族群认同,从而促进本族的发展。"丁氏

族谱所强调的那种同宗共祖之血缘关系把丁氏族人紧密地维系在一起,增强了宗族的凝聚力,起到了敦宗睦族的积极作用"。①

祭田是家族的公共财产,也是家族的经济支柱,是宗族举行各种公共活动、实现敬宗拢族的最为重要的物质基础,它集祭祀、恤族和教养等多功能于一身。②在族谱中也会记载。丁氏族谱中记录的昔时祖先设有祭田,约为一百六十余亩。明清易代之际,清军入据福鼎,清军与南明政权及郑成功等抗清力量进行了多场战斗,丁氏族人深受战乱之苦,"其时海氛山寇交集侵掠边地,擒获富民以助粮饷。尔时吾族之声名颇闻于五邑,其族中声名之稍著者,无不被获。是以各家之产业变易殆尽,不足以偿,义训之田亩山场,悉将废弃,而且山海交讧日盛,民不安息,官兵劳于战守。朝议将沿海之地迁为界,外以作荒凉无人之境,移民于界内族,人俱流亡于四方矣"。③后又遭遇耿精忠叛乱,等到情势好转,族人返回故里时,祖宗留下的祭田"仅得一十七亩五分"。对于祭田的管理,采取的是轮流制。按房轮值,采用抓阄方式确定次序,以显示公平。在丁氏族谱《祀田记》中记载:"离乱之后,族人初归,复此产业,须费钱文,房分不均,难以照派。爰议聘定八房捐用,历年祭祀亦依房数轮流。业既告祖,拈阄排定次序,参酌公平配搭,亲疏长幼,各随造化,值祭毋许觊觎纷更。有其远出未归者,他日归来,果系同祖,燕乡间只许共饮福酒,不得争轮祀田,致乱旧规"。④丁氏将祭田置于全族人的管理之下,共同管理祭田,实现敬宗拢族,团结凝聚本族的目的。

祭田是本族进行祭祀活动的经济支柱,是族产的重要组成部分。但如商铺、山场等收取的租金也是族产的一部分。丁氏族人善于经营,除了购置田产外,还购买了店铺、山场,并将其出租,收取租金,作为家族的公共开支经费。嘉庆年间,祭田收的谷物,同时店屋基围山场收得租金二十八千文。虽然后来因火灾被烧毁,后来又不断购置,"己巳仍照前式轮流,合计租钱将近五十千文。每年拨三十千,付值祭供用外,存十余千,泐为公堂修店等费。如是者年陆续增构,至道光癸卯添架楼店五间,总共基地札人架屋者,计店

---

① 庄景辉编校:《陈埭丁氏回族宗谱》,香港:绿叶教育出版社,1996年,第9页。
② 陈淑娥、俞华毅:《试论宗祠文化、谱牒文化、祭田文化与闽台中华姓氏源流的密切关系》。http://www.doc88.com/p-286362647479.html。
③ 《祀田记》,《丁氏宗谱》,1984年重修本。
④ 《祀田记》,《丁氏宗谱》,1984年重修本。

面八间,自架店宅札人者计二十八间"。①

从宗族建设过程中来看,丁氏回族的宗族建设也曾经历了一个民族融合的过程。首先是通婚。通婚是丁氏回族汉化的一个重要方式,也是丁氏回族寻求自身发展的必然选择。来到中国的丁氏回族祖先大多数不会携带家眷,他们在中国定居下来后,势必和当地的女子结婚,主要是和汉族女子结婚而繁衍下来。这就使汉族的文化传统通过妇女传递给了丁氏子子孙孙,并不断地对他们进行汉化。族谱资料记载,始祖、二世、三世、四世共计六人,皆娶汉族女子为妻。② 丁氏祖先丁善就娶了庄氏,并在庄氏建议下迁往陈埭,改变资本的运作方式,将商业资本转变为农业资本。可见汉族封建社会重农轻商的传统思想开始为他们所接受,并进入实际生活中。再者,在汉化过程中,士绅阶层往往居于领导地位,他们对于宗族事务的支配作用,必然深刻影响着全体丁氏族人的汉化过程。丁衍夏在《祖教说》记载了他年幼时丁氏族人的丧葬习俗、宗教信仰及生活习惯,都不同于当地汉人,"殓不重衣,殡不以木,葬不过三日,封若马鬣而浅。衰以木棉,礼不设祖,祭不列品;为会期,日西相率西向以拜天。岁月一斋,晨昏见星而食,竟日则枵腹;荐神惟香花,不设酒荤,不焚楮帛;诵诸经,仿所传夷音,不解文义,亦不晓其义,吉凶皆用之。牲杀必自其屠而后食,肉食不以豚,恒沐浴,不是不敢以交神明。衣崇木棉不以帛,大率明洁为尚也"。到了丁衍夏成年时,上述的传统大多无存,"殓如衣矣,殡用木矣,葬逾时矣,衰麻棉各半矣,祀设主矣,封用圹矣,祭列品矣,牲务肥腯矣,天多不拜矣,牲杀不必出其屠而自杀矣。衣以帛矣,交神不皆沐浴矣,酒果设矣,棉帛焚他神矣"。③ 汉化速度如此之快,主要是士绅阶层掌握了宗教事务的支配权,利用他们所控制的宗族组织,积极推动如家传统的纲常礼教,促使全体丁氏族人的思想观念和行为方式的改变。④ 民国初年,秦屿丁氏秀才丁如焕建议设立丁氏祠堂,获得族人支持,但"斗志未酬身先死,长使族人望落空"。建立祠堂虽未成,然族众自

---

① 丁佩珍:《事机》,《丁氏宗谱》,1984年重修本。
② 陈自强:《泉州回族姓氏婚姻情况分析》,载《陈埭回族史研究》,北京:中国社会科学出版社,1990年,第288页。
③ 丁衍夏:《祖教说》,庄景辉编校:《陈埭丁氏回族宗谱》,香港:绿叶教育出版社,1996年,第29页。
④ 郑振满:《明代陈江丁氏回族的宗族组织与汉化过程》,载《陈埭回族研究》,北京:中国社会科学出版社,1990年,第255页。

发而起,在街尾设置一处"公妈厅",以供族人春秋二祀之场所。此次建祠虽未成,也可见士绅阶层在其中的作用。丁氏祖先定居泉州、陈埭、秦屿,这些地方早已成为汉族居住区。这些地区汉族人数大大超过丁氏祖先的人数,人数的稀少,在一段时间内是不可能形成牢固的保护自身文化的实力集团,更不可能使自身文化在生活区域内有效运转。在这种情况下,只有与汉族紧密联系,建立良好关系网络,从丁氏祖先的经历中也可以看出他们是这样做的,这也从一个方面促进了民族融合。

三、从族谱看秦屿丁氏回族的历史记忆

回族在我国形成时期较晚,它与自古以来中国原生民族不同,聚集的地域相对集中。回族遍布整个中国,全国大多数县市都有回族,形成一个"大分散、小聚居"的特点。回族的主要来源是13世纪初叶,由于成吉思汗西征而被迫东迁,以中亚各族人、波斯人和阿拉伯人为主,包括"七世纪以来侨居东南沿海某些商埠的阿拉伯人和波斯商人后裔以及有明一代大量入驻中原的西域回回在内,在长期发展中吸收汉、蒙古、维吾尔等族成分逐渐形成的"。[①] 由此可见,我国的回族形成是在明朝时期。

修谱是保存历史记忆的一个有效方法,谱牒记录族源、祖先的事迹、本族的历史变迁,为本族保存共同的历史记忆。历史记忆是在一个群体里或社会中人们所共享、传承以及一起建构的事或物。"在一社会的'集体记忆'中,有一部分以社会所认定的'历史'形态呈现与流传。人们藉此追溯社会群体的共同起源(起源记忆)及其历史流变,以诠释当前该社会人群各层次的认同与区分——如诠释'我们'是什么样的一个民族;'我们'中哪些人是被征服者的后裔,哪些人是征服者的后裔;'我们'中哪些人是老居民,是正统、核心人群,哪些人是外来者或新移民。在'历史记忆'的结构中,通常有两个因素——血缘关系与地缘关系——在'时间'中延续与变迁。因此'历史记忆'可诠释或合理化当前的族群认同与相对应的资源分配、分享关系"。[②] 在丁氏族谱中也写道:"继序之道,数传繁衍。苟不图之以谱,将见原本无稽,分位难免紊乱。迁徙散,名号必致混淆,纯系前者,劣学人也,保

---

① 马启成、高占福、丁宏:《回族》,北京:民族出版社,1995年,第3页。
② 王明珂:《历史事实、历史记忆与历史心性》,《历史研究》2001年第5期。

无如崇韬认汾阳之墓,彭齐并彭旰之牒也哉"。①

(一)族源记忆在族谱的反映

在族谱的修撰过程中,族源是必须追溯的。在秦屿丁氏族谱中,记载了"丁之得姓,自太公望之子伋始。……阅数千余年,更易数百余世,典故荡尽,欲一一求其可稽之祖,不亦诬乎"②"丁之为氏,或曰齐丁公伋之后,传所谓君出自丁是也,然而辽矣"。③ 姜太公助周朝完成征讨商朝的大计,成为一地诸侯。姜太公死后,由子丁公吕伋继位。虽然在谱序中说吕伋相距年代久远,很难考证,丁氏后人也采取了较为谨慎的态度,"不敢妄有所附",但是可看出,丁氏提出"丁"之为姓从吕伋开始,也表现了丁氏是有贵族血统的,并且寻找一个华夏先祖,构建自己是华夏后裔的历史记忆,以显示丁氏为华夏一员。犹如濑川昌久所言:"族谱所记录的系谱之终极起源,一般都是黄帝或古代中国王朝的王族。这就使得族谱的保持,成为自己具有作为中国人、作为汉民族的正统性依据。通过其系谱,就有可能使自己及其群体的存在,认同于神话时代就开始起步的中华文明辉煌的历史。"④ 从秦屿丁氏宗谱中也可以看出这一点。在道光庚寅年(1830年)的《厚隆丁氏谱序》中记载:"读丁氏谱录旧闻,系其先衍夏公所纪。溯其家世所由来,有云由赛典赤回瞻思丁,其语颇难通晓。后阅李氏《因果录》中载《将官章》有曰赛典赤瞻思丁,回人也,仕元官拜平章事,国言赛典赤,华言贵族也。瞻思丁为将宽仁,抚绥云南,而萝槃城悉降。其卒也,百姓巷哭,交趾来奠。有五子九孙,厥后贵盛,由元迄明,支庶散处于四方。去夷姓而以末字为氏,未可知也。衍夏公云,此纪得诸从祖毅斋公所遗手书而证之,以《因果录》之说,且说毅斋公去瞻思丁之征萝槃仅百余岁,其时未远,言必可据。然而世系究无得而稽焉。故丁氏之由苏入泉也,则惟以节斋公为始祖。前则阙之而已矣,其迁陈江也,则自硕德公。其分三派也,则自仁庵公。其从闽而来斯土也,则诚斋公之后曰谧斋公,实为今厚隆之始祖焉。"从谱序可以看出,丁氏认为其始祖是赛典赤瞻思丁的后裔。在2006年重修的《丁氏族谱》中,《丁姓回

---

① 《纂修丁姓回族谱序》,《丁氏宗谱》,2006 年重修本。
② 《丁氏世系序》,《丁氏宗谱》,1984 年重修本。
③ 《厚隆丁氏宗谱序》,《丁氏宗谱》,1984 年重修本。
④ [日]濑川昌久著,钱杭译:《族谱:华南汉族的宗族、风水、移居》,上海:上海书店,1999 年,第 23 页。

族源流》记载:"丁氏回族始祖名叫赛典赤瞻思丁,伊斯兰教创始人穆罕默德直系裔孙('赛典赤'音译,是对教主穆罕默德及其后裔的尊称,意为有荣誉的贵族),生于1211年,卒于1279年,阿拉伯穆斯林人,是个著名的政治家。辅佐元朝政治,官拜平章政事,行省云南,评定罗盘(今缅甸)之叛乱有功,被元朝廷追封为咸阳王。其子赛典赤纳速拉丁(1230—?)在元朝廷为官,拜平章政事。其孙赛典赤乌马儿,被元朝廷任为泉州市舶司提举重要官员(据陈埭丁姓族谱及元史泉州市舶表)。其后,乌马儿留居泉州。""丁姓虽以赛典赤瞻思丁为始祖,但瞻思丁本人未到泉州,其孙乌马儿始定居泉州。故陈埭丁氏族谱均以乌马儿(丁谨,号节斋)为泉州陈埭丁姓的始祖。"在《祖教拾补》中也记载赛典赤瞻思丁、杜安莎的出身,"赛典赤瞻思丁,一名乌马儿,回回人,别庵伯尔之裔,是保持原来名字的赛典,不作贵族解,其义为圣裔,别庵伯尔为波斯语,为伊斯兰教人士尊称默罕默德之名字,阿拉伯人、波斯人皆以圣裔为荣。赤字蒙古语,义为官,赛典赤义为圣裔之官"。杜安莎"是咸阳王赛典赤瞻思丁后裔,赛典赤是尊贵称号,是他家族特有的,即尊贵领袖的意思,是伊斯兰教祖穆罕默德直系后裔的尊贵称呼"。①

中国姓氏很注重源流,每个姓氏都期望有一个高贵的出身。我们仅对族谱的文献资料进行解读而不去考证其族源,"由族谱资料体现了慎终追远的祖先崇拜观念,加之宗族组织在中国传统社会结果运作上所发挥的作用,致使许多家谱追溯族源时比附名贵,荒诞不经,互相因袭之处比比皆是"。②丁氏后人将先祖追溯到有名望的贵族,谱序中将丁氏祖先与吕伋和赛典赤瞻思丁相联系,看似丁氏族人在认祖上有矛盾,其实不然,无论丁氏祖先是吕伋还是赛典赤瞻思丁,又或是其他,其目的都是要表明丁氏是有高贵的血统,表明自己有一种高贵的身份和地位的优越感。这是丁氏的共同记忆,也有利于丁氏的生存。对于这种集体共同历史的记忆,"主要目的不是在确认实际上的血缘关系,而是藉由集体历史记忆来提高宗族成员的认同感与荣誉心。因此,谱系的正确与否,对宗族来说是次要的,也只有在关系到宗族

---

① 丁建海:《祖教拾补》,《丁氏宗谱》,1984年重修本。
② 范可:《关于陈埭回民的若干历史问题》,载《陈埭回族史研究》,北京:中国社会科学出版社,1990年,第56页。

的生存时,才会被重视与强调"。①

(二)对民族认同的历史变化

有宋一代,福建泉州的海外贸易非常繁荣,大批异国商人侨居于此,往来闽浙间的商人络绎不绝。丁节斋就是在这样的背景下来到泉州的。入元以后,统治者实行民族等级制度,对色目人实行优待政策,对"蕃客"提供了宽容的发展空间。经过几代人的努力,丁氏家道中兴,正值此际,泉州爆发了"亦思巴奚"兵乱,这场战乱肇始于元至正十七年(1357年),息止于至正二十六年(1366年),前后持续了10年。在这一重大时局变动之下,丁氏祖先迁出泉州,定居陈埭,并改变生计方式,从经商转变为务农。丁氏一家外族要在"故多巨姓,著代年远"的陈埭生存发展并非易事。元朝实行的优待色目人,打压汉人的民族政策造成了民族隔阂,再加上"亦思巴奚"战乱增加汉人对色目人的仇恨,随着统治政权族属的更替,民族社会地位的转换,元代倍受优遇的穆斯林在明初遭到了歧视与排斥。在民族主义政策和排外风潮的冲击下,丁氏祖先只有隐瞒自己回人身份和来历,改姓丁,"取其始祖赛典赤瞻思丁末一字为姓也。自此,色目人与赛典赤瞻思丁之子孙,皆改汉姓"。② 丁氏四世祖丁善(仁庵公)积极响应明朝政府提出的户籍管理制度,"更定版籍",让自己的三个儿子"名首实而鼎立受盐焉,其地无盐之产,而有盐之征",将积累的商业财富转化为农业资本,以避免家族财产受排外风潮的袭击。丁氏祖先改姓,定版籍,将商业资本转化为农业资本,以适应生存环境的改变。丁氏祖先在政治环境和经济状况不佳的情况下,选择了以汉化的方式求得生存与发展,这是政治和经济的双重压力下做出的最好选择。在丁氏族谱中这样的记载很多,并且基本上没有出入,已成为丁氏族人共同的认知。正如王明珂所言:历史文献是一种社会的记忆遗存,它们也经历了选材、制造、使用、废弃或保存的过程,而成为古人与我们所见的文献资料。社会群体或个人选择或虚构一些当代或过去的重要人物与事件。人物、事件与其他因素经过刻意的文字组合、修饰,使之具某种社会意义。这样的社会记忆被用来凝聚或强化此社会群体的认同,并与其他群体的社会记忆相

---

① 陈启钟:《明清闽南宗族意识的建构与强化》,厦门:厦门大学出版社,2009年,第97页。

② 丁锡洲:《丁姓回族源流》,《丁氏宗谱》,2006年重修本。

抗衡,以争夺本群体的社会优势或核心地位。在各种社会记忆相辩驳抗衡的过程中,有些社会记忆被失忆,有些被刻意保存、推广。① 从丁氏族谱中可以看出,丁氏后人对于祖先的经历已经形成了共同的历史记忆,这种记忆凝聚强化了族人的认同感。

　　长期以来,丁氏族人一直认为自己就是汉族,依照汉族的风俗习惯庆祝节日和从事各种祭祀先祖的活动,并不知道自己是阿拉伯后裔。直到1979年4月21日晋江县政府恢复陈埭丁氏回族身份,而由此福建其他地区的丁氏才开始申请认定回族身份。在此背景下,福建其他地方的丁氏族人才开始组织材料,向政府申请恢复回族身份。于1980年8月9日恢复后隆丁姓为回族,并举行隆重庆祝大会。为什么在20世纪50年代国家进行民族调查时,丁氏没有被认定为回族,而是到了19世纪70年代末丁氏族人才意识到需要恢复回族的身份?据学者调查,在20世纪50年代进行民族识别工作时,国家曾派人到陈埭进行民族成分识别,但由于一些原因认为填写汉族对生活没什么影响,对当时的这种选择有两种解释:"一种说法是汉族和少数民族没有什么区别,但是国家也没有什么优待政策。还有一种说法是当时的乡村干部文化水平低,对国家的民族政策不了解。"②随着国家民族政策的完善和执行力度的加强,当地政府和丁氏族人开始意识到民族身份的重要性,最后回族的身份得以恢复,开始恢复回族的宗教信仰、饮食习惯和各种风俗。丁氏回族的身份认同,从心理层面而言,在建国初期拒绝承认自己的族属身份是因为害怕失去新国家政权中的社会地位,而当其面临利益的最大化时,丁氏则果断地选择了主动追求。③

　　数百年以来,秦屿丁氏一直以汉人自居,缺乏回族的身份认同,这是有历史原因的。元末的动乱及明朝的民族政策,使丁氏祖先放弃色目人的身份,以汉族的生活习惯和信仰涵化自己,力图融入汉族社会中,以得到生存发展,这是基于社会生存环境的不利做出的选择。在国家对少数民族的优惠政策直接刺激下,丁氏进行了民族的重建,逐渐意识到我祖是阿拉伯人,

---

① 王明珂:《历史事实、历史记忆与历史心性》,《历史研究》2001年第5期。
② 陈碧:《民族、宗教和身份认同:福建陈埭丁氏回族的个案研究》,厦门大学硕士学位论文,2007年,第29页。
③ 陈碧:《民族、宗教和身份认同:福建陈埭丁氏回族的个案研究》,厦门大学硕士学位论文,2007年,第29页。

重新恢复早已远去的历史记忆,通过修谱、建祠等宗族建构的实践,秦屿丁姓强化了彼此间同宗共祖的血缘关系,将同姓族裔紧密地团结在一起,增强宗族的凝聚力,这是一种社会经验的适应性策略。正如美国学者杜磊所言:"丁姓回族之所以要求得到少数民族地位,政府的这些补助资金和特殊优惠是重要的因素。因特殊优惠待遇而发生的民族认同转换已经被人类学家很好地证明,而且在解释丁姓家族的民族认同为何变得更有意义的一个重要因素。在社会经济状况和地方政治经济的变化引发了民族方面的迅速变化。"①

(三)历史记忆在宗族文化中的表现

宗族建构的过程有形式上的体现,如宗祠修建时融入回族文化,遵循民族服饰、饮食、习俗等规矩,祭祖是戴白帽,供品不能有猪肉及其附属品。族谱作为记忆的重要载体,记载了丁氏的族群身份,例如丁氏族谱就在《祖教拾补》一文中对宗族的伊斯兰教信仰进行了详细的记载。兹摘录部分文字内容如下:

> 伊斯兰教创始人穆罕默德,公元五七零至六三二年在阿拉伯半岛所创立一神教。公元六三二年大体统一了阿拉伯半岛。麦加和麦地那二城是阿拉伯半岛二大商业中心,麦地那名意为先知之城,麦加城的克而白神庙改为清真寺,麦加定为伊斯兰教圣地,也门称为阿拉伯半岛皇冠安拉,意为真主哈理发,意为安拉使者继承人。《古兰经》不仅是伊斯兰教经典著作,而且是一部优秀的散文作品,是穆罕默德言论的汇编,由其弟子编定而成,共百十四章。前九十章作于麦加,主要内容是信奉安拉唯一真主严禁崇拜多神偶像,相信末日清算,弃恶从善,思考万物由来,相信使者。后廿四章写于麦地那,是胜利的启示。大都长篇大论,规定言行,礼拜斋戒,朝觐天课等,还规定戒条不吃猪肉,不饮酒,不赌博。文字优美,语言凝练,是古代政治研究的依据。伊斯兰教从公元六世纪到今已有一三零七多年历史,传播于亚非广大地区。全世界有信徒六亿左右,约占全世界宗人口百分之十四,是三大教之一。有穆斯林国家九十多个,其中穆斯林人口占全国总人口百分之九十以上有二

---

① [美]杜磊著,马海云、周传斌译:《陈埭:福建泉州的民族复兴》,《回族研究》2000年第2期。

十六个,占百分之八十以上有六个,占百分之四十以上有九个,有四十二个国家以伊斯兰教为国教。①

对于回族饮食禁忌,1984年丁氏族谱中也有记载:

> 唐初,来自波斯阿拉伯商人在我国东南沿海定居,十三世纪初叶,大批中亚及波斯阿拉伯地区不同民族的穆斯林随蒙古军来东亚,与当地人民通婚,繁衍生息,传播西亚东非先进科技文化,开发边区,促进海外贸易等等。自元初到明,加上不断吸收当地民族就逐渐形成我国的回回民族。忌食猪肉不是来源于伊斯兰教,是北非、西亚阿拉伯地区各族人民的古老习俗,已有五千多年的历史。由于血统同宗,语言同源,普遍饲养驼、羊、牛、驴,这里猪是稀有的,认为猪是不洁之物。伊斯兰教始创于今仅一千多年,但在黎巴嫩的部分阿拉伯人从未信仰伊斯兰教,他们也不吃猪肉。此乃阿拉伯地区的古老习俗。②

族谱中对回族信仰伊斯兰教与忌猪的习俗进行记载,并不是因为族人对其不知或不了解,而是以文字方式在族谱这一重要的家族文献资料中表现出来,一方面是以表明丁氏是真正的回族,另一方面是让后人记住自己的民族身份与宗教信仰和文化。以这样的方式加强族人的历史记忆,凝聚宗族意识和"回民"的民族身份认同意识。

综上所述,秦屿丁氏透过"灵活地运用了少数民族身份这一象征资本,来致力于宗族的事务,这不能不说是宗族实践的一种策略,是以少数民族身份这一象征资本作为生存和发展的策略"。③ 总之,秦屿丁氏通过编撰族谱来强调家族的血缘关系,以血缘为纽带将族人紧紧地联结在一起,从而承载着家族的共同历史记忆,无论身在何处,每年家族的重大活动都会准时出席。在强大的家族观念下,把游离四方的族人有效地联结在一起,这种家族的向心力,不仅促进着家族的融合,也促进着家族制度的发展。

---

① 丁建海:《祖教拾补》,《丁氏宗谱》,1984年重修本。
② 丁建海:《中国回回和忌猪》,《丁氏宗谱》,1984年重修本。
③ 丁毓玲:《泉州穆斯林后裔的历史记忆和理性选择》,见李冀平主编:《泉州文化与海上丝绸之路》,北京:社会科学文献出版社,2007年,第327~328页。

下编

族谱文献选辑

双华《蓝氏宗谱》中的地方社会文化

胡舒扬

双华村位于福鼎市东北部,旧称华洋,现隶属于佳阳乡。双华《蓝氏宗谱》记载了双华蓝氏的源流繁衍、宗谱编修和宗祠建设的历史,反映了蓝氏入闽开基和宗族建设方面的情况,对于理解太姥文化和地域社会的形成,有一定参考价值。

一、源流繁衍

(一)蓝氏源流

关于蓝姓的起源,族谱中主要记载了两种说法。一说得姓自盘瓠次子蓝光辉,一说得姓于蓝君秦子向。相关内容辑录如下:

蓝氏谱序

从来有非常之生者,乃有非常之遇;有非常之遇者,乃有非常之功。吾于蓝氏先世见之矣。蓝氏先世,即高辛氏在位七十年所封之盘瓠王,则大乎。本天亢星辰精以降世,非常之生也;得帝女以为婿,非常之遇也。因灭燕寇,以策勋,非常之大功也。盘瓠王当其时之命,居会稽山七贤洞,生三男一女。高辛氏亲旨敕赐。长赐姓盘,名自能。二赐姓蓝,名光辉。三赐姓雷,名巨佑。女赘姓钟,名志深,敕封骑国侯。次名光辉,即蓝氏开基之鼻祖。蓝自得姓以来,迄今五千余载之生久矣。祖若宗之起家广东,分居闽浙等处者,必有谱牒以纪祖大功,以传久宗,俾世椒衍瓜绵,不失一本九族之谊。

时大清光绪五年(1879年)岁在己卯仲阳之日榖旦

钦加五品衔浙江选用训导吴一峰拜撰①

华洋蓝姓源流简叙

蓝姓之始祖,据《竹书纪年》载,梁惠王三年,秦子向命为蓝君(其地在今陕西蓝田县),子孙以地为姓。再据考证,梁惠王即魏惠王,称王于周显王十三年岁次乙丑,公元前三百五十六年。其曰梁惠王三年,当在周显王十五年岁次丁卯,公元前三百五十四年。秦子向乃梁之公子,名向,封于秦邑,子爵梁惠王。称王后乃命封于蓝田,子孙蕃衍,支系众多,以地为姓,此为蓝姓之渊源。后以战乱旱涝,乃散处中原各地。秦汉时陪分子孙,南迁江南。隋唐时复迁闽、浙、赣各省。元时有裔孙蓝玉,从明洪武帝征平诸雄,逐元顺出境,积功封凉国公。洪武二十六年,凉国公以功高遭谮被诬陷,子孙亲戚,千数百人由南京潜至鄞县,乘巨槎避难海外,遇风阻,乃于福建连江马鼻登陆,入内地垦荒营生。历代受政治军事迫害,复致散居各县乡僻。以距离遥远,交通不便,失于联系,遂致随地自成支系。

我鼎邑华洋蓝姓始祖朝聘公与凉国公相距,以时间论约隔一百八十多年,以世代论约隔七八代。此七八代祖宗名氏,因在丧乱流徙时期,家乘散佚,未有可稽。后据闽东各蓝姓谱乘及各种志铭续作补充考证,朝聘公实于明朝万历、天启间首迁平邑南部居住,传至永县(悬)公之子始定居蒲门,其处有祖居十三溜遗址可征。时值倭寇侵扰,乃移居平邑小□和拢。其处有地名,故址可稽。至于平邑南部,如顶堡、岭家山、流岐岙、岱岭等处族人,则为朝聘公远孙支系。其在鼎邑金屿门、王京头、陈家樟、缸窑、陈其垟、溪美、才堡、洋里,及霞浦南柄、半山楼、水浮岭、青皎、西沈、泰顺柿洋、柘荣柯岭及未述地名等处族人,皆为朝聘公裔孙之散居也。此乃我华洋蓝姓源流之梗概,其他不经之谈均弃不书。从唯物史观也,唯愿我族后贤明辨,据史实作唯物分析,辩证阐明,以发前蕴,以丰富充实吾宗之渊源史实,是所厚望焉。

共和己未年(1979年)国庆节前夕

---

① 《蓝氏谱序》,《汝南郡蓝氏宗谱》,宣统己酉年(1909年)修。

十五世孙店下溪美青魁谨叙①

(二)徙居繁衍

在双华《蓝氏宗谱》中,多篇谱序追溯了蓝氏入闽以及蓝氏族人在浙南和闽东一带迁徙繁衍的历史。虽然关于入闽始祖的记载稍有差别,但他们基本认同先人从连江马鼻道入闽,而祖源地则是广东。

谱　序

家有谱,犹国有史也。史以志历代之纪纲,谱以叙一族之世系。国不可一日无史,家之谱,讵可一日废乎?苏子曰:"人生而不知姓氏所自出,则涣若凫雁耳,无谱之谓也。"我蓝自高辛之世习姓受氏以来,支分派衍,有不可以胜数者矣。即自我始祖、讳久裕公由广东及闽,由闽来浙住居温平北港后,而子孙或移处于昌禅,或鼓楼山,或小新垟,或松洋大淈内,或霞浦虎陷、文洋林、施桥、八斗、沙江等处。

昌与族弟孔义二人,俱年近八旬,登山涉水,寻祖问宗,不惮风霜之劳。敢云老夫况瘁乎,联而类之,使亲者毋失其亲,疏者毋失其疏。尊卑老幼,少长咸集,昭穆次第,开卷了然,庶不为苏子之所讥也夫。是为序。

时道光丁未岁(1847年)葭月穀旦

十二世孙孔昌、孔义同谨识②

修谱序

盖闻树木千枝,当揣其本;江河万派,宜溯其源。人而有祖,如木之有本、水之有源也。蓝氏自肇封汝南,以蓝为姓。迨五帝以及历朝来,文人迭出,列仕版者若而人,登辟雍者若而人,印累累绶若若者又若而人。青史所载,流传不朽,固非无据而云然也。考其镇东粤居凤村,山川挺秀,群英不断,则广东人文之盛,尤我所出之区也。然谱牒传于前,兵燹继于后,以致支派散漫,姓名淹没,我先人不胜有废亡之感。幸而

---

① 《华洋蓝姓源流简叙》,《汝南蓝氏宗谱》,共和癸酉年(1993年)修。
② 《谱序》,《汝南郡蓝氏宗谱》,宣统己酉年(1909年)修。

始祖朝聘公偕族人自闽省马鼻道上山,始托足于罗源、连江两县。① 生二世祖宗误公、宗诏公、宗诰公,肯构肯堂,创业垂统,自此始及。

盛朝定鼎以来,三世祖智房德泰公、德候公、德顺公、仁房德厚公、德纯公、勇房德序公、德穆公、德泽公转徙平邑蒲门甘溪岚下住居。四世祖建功数公迁居平蒲湖垄,顺治年间,该处迁界,散之四方,居无定处矣。越五世祖法照、法具(悬)、法随往平邑小岭,法应移本邑岙头。六世祖国旺、国松、国林同迁福鼎华洋,国郎公移居卢屯,迄今子孙蕃衍十有六世矣。维梓维桑,依然手植之长在;克勤克俭,宛尔世传之遗风。但世远者条必紊,族大者支必分,或在闽之南,或在浙之西,率土之滨,无非星罗棋布之族焉。若无谱以系之,虽有鲁卫之亲,难免秦越之视也。兹者,合族佥议纂谱,命余董事。叹桑榆之晚景,耻栎樗之下才,担荷不遑,无冬无夏,不月不日。敬延王先生珥笔并枣梨。仿欧苏之式,辑图甲之规,俾父子有亲,长幼序列,亲疏有别,子子孙孙勿替引之,是尤吾之所厚望也夫。谨序。

同治九年(1870年)岁次庚午

十二世孙明延谨识②

蓝氏起基谱序

盖闻天地之中,树木千枝,当揣其根;江河万派,宜溯其源。人之有祖,犹木之有本,水之有源也。稽我蓝氏,出于高辛之朝,盘瓠公生有伟才,建功立业,敕封王爵,遂生次男。我祖光辉公亦是大勋,锡之山川,附之土田,肇封汝南郡,以蓝为姓。迨五帝以及历朝来,文人迭出,列仕版者若而人,登辟雍者若而人,印累累绶若若者又若而人。青史所载,流传不朽,固非无据而云然也。

考其镇东粤居凤村,山川挺秀,群英不断,即广东人文之盛,尤我所自出之区也。然由功之于前,继之于后,自广东迁居为我鼻祖。玉新公号曰百万公,偕族人自闽省连江马鼻道起岸,始托足于罗源,住居安宅。生二男,长朝振公,次朝聘公。兄弟二人久居其地,肯构肯堂。书曰:"父子之同志,创业垂统,为可继也。"至三世族,兄弟三人于明嘉靖五年

---

① 原文为"我先人不胜有废亡之感,而幸也始祖朝聘公……连江两县"。
② 《修谱序》,《汝南蓝氏宗谱》,共和癸酉年(1993年)修。

岁在乙酉三月间，闽省耿王寇乱，一家兄弟妻子离散，各自逃窜，分居异处，聚散不一。而玉新公亦已逝世，朝聘公避居牙城。蓝垟上中下田园俱朝聘公所管，崇祯年间被海寇追赶，其地荒芜，再迁于平邑蓝下暂居。未久，山乡作乱，人民未平，又转移蒲门小华洋住居。其蓝下基址坟茔，至今亦无考证。后人各自立谱。我祖朝振公遂至台州黄岩县，生一男，讳宗录公，徙居青田，创基立业。生男一，久裕公，年已十二，而宗录公修地下之文矣。后久裕公由青田迁北港青街泥山。以上三世祖，时道光丁未岁，创谱尚未查及族人，即将久裕公为第五世祖。今将上三世祖名讳列为外纪，惟久裕公向往泥山所置山田，并围上至山峰下至水口横直五里。所生二男，长东立，次东升，分祯、祥二房。东立公生二男，长有起，次有基，原住青街泥山。东升公生男一有贤，于顺治六年同有起公移居平邑三十一都昌禅岙口。迁居开基后，有起公转移于鼓楼山，生男六，各人散居分处。应乾公迁居半洋下堡，生男二，世生公移居福鼎葛宅庵。应贤公移居霞浦五六都沙江南后二坑，七都文垟鹧鸪港。应灵公移居八都虎陷。应明公迁福鼎八斗国公坪，并太母洋岭头。应亮公移居牛奢岚水碓坑，生三男，又移居牙城王家山，或林西桥乌石界。应奇公生男五，移居小新洋，或南松洋头大身岗，或上洋游万八岭，或白琳周窗岭，四处居焉。泥山一派移居七都后洋水尾，或四都犁头丘、平邑坑边崩山，福鼎安仁山小华洋卢墩，或南宋洋头大坝内。迄今子孙繁衍，行第十有六世矣。

维梓维桑，依然手植长在；克勤克俭，宛尔世传遗风。但世远者条必紊，族大者支必分，或在闽之南，或在浙之西，率土之滨，无非星罗棋布之族焉。苟无谱以联之，虽有鲁卫之亲，难免秦越之视也。兹者，合族金议修谱。余乃出为首倡，总理其事，而登山涉水采录。庚甲数月，稿成，遂延江南钱库李克标先生付诸梨枣。仿欧苏之式，辑图甲之规，俾父子有亲，长幼序列，亲疏有别，子子孙孙勿替引之，是尤吾之所厚望也夫。是为序。

  时在光绪五年（1879年）岁次己卯仲阳之月
  十二世孙孔凌谨志①

---

① 《蓝氏起基谱序》，《汝南郡蓝氏宗谱》，宣统己酉年（1909年）修。

二、宗谱编修

据根族谱中"修谱名录"的记载,双华《蓝氏宗谱》分别于道光丁未年(1847年)、同治庚午年(1870年)、光绪己卯年(1879年)、光绪乙巳年(1905年)、宣统己酉(1909年)至庚戌年(1910年)、共和癸巳年(1953年)、共和己未年(1979年)、共和癸酉年(1993年)进行过编修①。谱例及历次修谱序辑录如下:

(一)宗谱凡例

谱 例

——谱之作按欧苏之式也,以五世为一图。起于高止于身,则五服昭然矣。

——五世为一图,又将第五世冠于六世之上,所以承上启下,脉络贯通也。而九族之义又明矣。

妻娶某氏,生男育女几人。男则从冢子直支叙下,以重宗祧之承。余子则照齿排列,以遵雁行之礼。女则适何方何姓人,悉注其下,一目了然。至于或庶出,或嫡出,或继室所出,各详其中。则生卒葬地,坐向分金,以及祀产,逐一列于图中。此皆上效古制,下明亲属,非云专也。

——子生未告庙而夭者不书,未成殇死者不书。

——异姓不得乱宗。或抱养异姓,或抚养随娘之子者,例概不书。今姑从俗,并列于后,定以青支,谓其不得紊亲支血脉也。

——祖坟山注明县邑,都址地名,以防争占紊乱。如柳下惠之垄无致伤毁,且使奕世子孙知祖宗之葬处也。

——同宗出嗣者,详注某人第几子,其生父支下照序排列,记绍某人。某人如无人承后者,曰失嗣。未受室而夭者,曰早逝。无子而死者,曰不传。幼死曰殇。生卒无年月时,曰缺,或曰失考。如《麟经》阙

---

① 《汝南郡蓝氏宗谱》,宣统己酉年(1909年)修;《汝南蓝氏宗谱》,共和癸酉年(1993年)修。

疑纪夏五郭公是也。

——妇人从夫。无论原配,即继室、侧室能为夫守志,克尽妇道者,亦当著其行实,以褒美之。如夫故改适者,《礼》云:母出于庙绝,则削其生卒年庚,直书以改节二字。虽孝子慈孙,百世不能改也。

——为人以孝悌忠信为本,不可作忤逆事。倘有人面兽心,败行灭伦者,谱内削名,不许入祠展墓。

——祀田国课,务须急完。若值祭抗欠,辱及祖宗者,合族得而攻之。

——族中绅襟,上重朝廷,下耀闾里。不可自恃笔力挑讼,欺犯尊长,轻压卑幼。

——子息一端,至不齐也。无嗣者须当以亲房侄辈继之。如无亲房可继,权用孙辈暂承主祀,以待后日有亲侄以继之。若于二者俱难,斯于别房择绍,不可任偏爱以疏间亲也。甚至有不胜继者,业归亲房,身在则就养,余年身亡,则岁时祭祀,断不容抱养异姓之子为后。盖例言异姓之子不许承祧主祀也。

——异姓抚子既为吾后,凡遇丧祭本宗,无服。若要宗例,无携产分业。倘如携强族中人,人得而攻之。如有徇私庇护者,一并共攻之。

——子孙不许为奸为盗,开庄聚赌,及挟众逞凶,贻害宗族。违者鸣官究治。

——祖遗祀产不许私行批扎,亦不许以毗连己产而强占祖地。其祭祀公租,原依次轮流,不得越分背典。

——谱内继嗣,必同父周亲或期功服属,方用朱线联之。如同姓非宗及抚养螟蛉者,用黑线支以别之,使不得以异姓乱宗也。至于奸生之子,则不得混入于谱。

——祖坟上下左右原系诸房荫山,不许私埋附葬。其祖山荫木亦不许盗砍私卖,以伤祖坟。违者革逐治罪。

——子孙命名不得犯昭代庙讳及圣讳祖父讳者,有则改之。

——子孙若有前程,及长辈耆老,每逢年节祭祀,当进前助祭,以显祖耀宗。①

---

① 《谱例》,《汝南郡蓝氏宗谱》,宣统己酉年(1909 年)修。

凡　　例

——谱仿欧苏式五世一图，又将第五世冠于六世上另提图。

——谱将娶入者纪某地某人之女，嫁出者适某地某人。

——谱支图中冢子之名正书父名下，余则依次雁立焉。倘有迁移居址，必书。

——娶妻者书配某氏，纳宠同媵者但书侧室，或夫亡别适者但书改节，生卒俱无。

——庶子虽长，不书嫡子前。养子授子虽长，必书亲生子后，并牵以黑线，示不乱宗。

——未告庙夭亡不书，未成殇死不书，已成童死书早世（逝）。

——无子者择必亲派同胞子侄，血脉相贯，由长而次以继之。如例所载，先尽同父周亲，次及大功小功。出继者书出嗣，承继者书嗣男，其余若养子等俱注明名下，如无人继者书不传。

——身列宫墙必朱书，以资激励。

——命名不得犯讳，但历代久远，类同难易，维庙讳及祖讳敬避。其余避字弗避音。

——坟地必书穴在某处，并坐向分金。

——先祖及孙辈有功业美事并载而传之，以示激励。

——妇人有善，亦附于夫传中。

——或忘其名字者，或遗其生卒者约略笔之，至于有实则据详。[①]

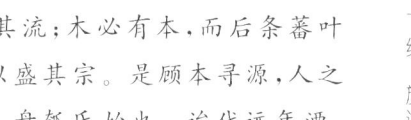

（二）宗谱序文

纂辑谱序

盖闻水必有源，而后支分派衍，以长其流；木必有本，而后条蕃叶茂，以丰其末；人必有祖，而后自子及孙，以盛其宗。是顾本寻源，人之急务也。兹蓝姓考所由昉，实属高辛锡姓，盘瓠氏始也。迨代远年湮，世系经风霜兵燹，有不可以胜溯者矣。

---

① 《凡例》，《汝南蓝氏宗谱》，共和癸酉年（1993年）修。

道光二十七年(1847年)丁未之秋,七月既望,有其族长曰孔昌、孔义者,均近八旬,惧其后祀有忘祖贻羞之诮,不惮山川跋涉之艰,南至福鼎、霞浦,北至桥墩、北港等处,问本溯源。凡属其祖所出者,无论细流弱干,并列其住处,注其生卒及其葬地,请余辑之。余乘梨枣之暇,仿欧苏之式,联疏远于一堂,绵宗支于百代,使世世子孙咸知木本水源之义,而修敦祖睦宗之志也夫。兹谱告竣,爰是为之序。

道光丁未(1847年)岁葭月

平邑松垟周莲溪拜撰①

修谱序

谱纪其所自生,详其所终往。开卷之际,油然生孝悌之心。盖其固宗盟,敦族谊。得姓受氏之始,联一本九族之亲,其与简书志乘,仅以垂典故而供睹闻者,意便深矣。余蓝氏系出汝南,由来已久。厥后源远流长,星分棋布,不可胜纪,而广东为最,我一世祖朝聘公皆其裔也。公始居闽省,生三男,宗谟、宗诏、宗谱,寖炽寖昌,大启尔宇,一时称隆盛焉。

国初兵革频仍,民靡有定。我三世祖德泰公昆偕季披荆走险,历尽艰辛,至平邑蒲门岚下奠厥攸居。嗣后,子侄繁昌,散迁闽浙等处,难以枚举。所虑者,谱志阙如耳。先君在日,尝以辑谱为念,未几下世,议遂不果。岁己巳,阖族伯叔复兴斯谋,敦请王先生珥笔并烦付梓。越庚午秋分功竣,披阅之下,序昭序穆,有条不紊,俾后之览斯谱者,知支派虽异而源则同,虽分而本则一。敬吾祖以及吾宗之祖,爱吾孙以及异派之孙,亲亲之谊,莫切于此焉。是为序。

同治九年(1870年)岁次庚午

裔孙茂梓谨识②

修谱序

语云饮水知源,盖为子孙言之也。而子孙知源,莫大于族谱也者。明世系,序昭穆,联亲疏,其有关于世道名教非浅鲜已。本家自朝聘公由甘溪岚下移居小华洋,是为小华洋开基始祖。历世久远,生齿日繁,

---

① 《纂辑谱序》,《汝南郡蓝氏宗谱》,宣统己酉年(1909年)修。
② 《修谱序》,《汝南蓝氏宗谱》,共和癸酉年(1993年)修。

因其土地狭窄,人居稠密,由此或移泰顺雅洋,或平邑岱岭,或霞邑西沈、南柄数处居焉。堂伯祖明彩公睹子姓分居星罗棋布,藉非谱以联之不可,曾于同治庚午延王乐莘先生作吾之谱,创举也。公一人之力,肩其重任也。

噫! 日月易迈,岁序辄经。由同治庚午迄今,转盼间又经数十载,凡汇新丁千有奇,倘不以善继善述,为事目前,又涣若凫雁矣。族兄景庄心忧之,于是佥谋族人请王作梅先生复修我蓝氏家谱。作梅,故乐莘先生世兄也。箕裘克绍,予心焉善之。自春徂冬,工竣。余执其谱而观之,生死具载,坟墓同登,合远近为一书,联亲疏为一气,俾伯叔弟侄辈不至秦越之相视也。是役也,吾负笈从师,不能赞襄厥事,敢藉手以告无罪宗祖云尔。是为序。

同治九年(1870年)岁次庚午

裔孙廷玉谨识①

辑蓝氏谱序

余生平好游,而游力常苦不足。数年来,远近有以谱事请者,辄欣然应之,盖将藉以览山川之形胜,问风俗之休淳,穷人情之变幻,通世故于文章也。至其地则宾主绸缪,交情欢恰。其名宗巨族,多高人学士,而酬酢莫非礼让也。则穆然游邹鲁之风,其海澨山陬,多野老耕夫,而投赠共率朴诚也;则恍然游怀葛之世,因思圣朝教化涵濡,风同道一,士生其间,庶几纵意所如而无事兴歌《黄鸟》者乎。

己巳(1869年)春,余方倦憩家乡,读书横琴其际。俄而有人踵门请见,询所从来,乃华洋蓝姓人也。致其祖董明彩询之,延余辑谱。余自维生平历闽浙,走瓯宁,见地颇广,阅人亦多。而华洋隶同州县,地接昆蒲,独自未经及。夫蒲门,平之胜地也,贤士大夫多出其中。意此中气分清淑,目染风骚,其山川风俗,当有可以娱目骋怀者。兹又不忘源本,能以敬宗收族为事,必其人尚和平,家敦雍睦,倘所谓盛世良民非欤! 因从其请,抵其乡,族中明芝、明延、联辉、茂梓、明勤、茂基诸君殷勤相待,曲尽地主之情,而余于此独有感也。

① 《修谱序》,《汝南蓝氏宗谱》,共和癸酉年(1993年)修。

闲从检校之余，凭栏眺望，峻岭横其东，崇山起其北，怪石压其南，流水冲其西，峭壁岩幽之下，环而处者千家也。则又如游秦关之险、蜀道之难。于是读屈平之传，自解自嘲；歌谪仙之诗，如箴如讽。亟嘱侄留心刊刷并日程工。未几，谱成，敬谢而去。

同治九年（1870年）岁次庚午

恩贡士王聘三拜撰①

序

蓝氏自战国梁惠王时得姓以来，迄今三千余载。祖若宗之起家于汝南，分居闽浙等处者，必有谱牒以纪祖功，以传宗德，俾后世椒衍瓜绵，不失一本九族之谊。独鼎邑华洋一派由来何自，转移何方，尚未编立家乘，其间里居不传，行第莫考，迟之又久，势必各祖其祖，各宗其宗。或不幸而经兵燹，益复荡折离居。迩者远，亲者疏，此苏明允所以维彼涂人，其初一身之叹也，又呜乎可？

庚午（1870年）春，华洋蓝氏兄弟慨然有志于立谱，相聚而谋曰："事莫大于尊祖，尊祖莫要于收族，收族莫要先于作谱。吾宗无谱，盍创之便？"佥曰："然。"由是上溯本源，下寻支派，付诸厥氏，勒为成书。推其所自出，无数典忘祖之讥；联其所已分，有系姓缀食之义。千百年之昭穆不紊，数十世之里居可考。其于先圣教孝、明伦之旨，盖有合焉。

斯举也，不诚仁人孝子之用心乎？横渠先生云："贤人出，国将昌；子孙才，族将大。"继自今蓝氏之光先绪，而启后人也可。于是谱之成，卜之已，爰不揣谫陋而为之序。

同治九年（1870年）岁次庚午

钦加五品衔吴一峰拜撰②

修谱序

尝思天为天下而生人，人为人伦而立谱。谱也者，知祖宗之所由出，识支派之所以分，其不可无也久矣。顾我蓝姓均出自一派，自今分居各处者不知其数，去此适彼者复非一族。苟无谱以纪之，则支派别，

---

① 《辑蓝氏谱序》，《汝南蓝氏宗谱》，共和癸酉年（1993年）修。
② 《序》，《汝南蓝氏宗谱》，共和癸酉年（1993年）修。

瓜之绵莫溯其源,葛之庇莫推其本,甚至孙冒祖讳,侄犯叔名,视骨肉如行路、等同宗于秦越,岂非无谱阶之厉乎?

庚午(1870年)春,蓝氏子侄兄弟共切疏逖之虞,爰谋作谱之事。凡属同气分支者,皆一一开明,以便汇而合刊,使有以知其祖于某代来自何方,庶几水有源而木有本,瓜之绵可溯,葛之庇可推,孙于是不致冒祖讳,侄于是不致犯叔名。为昭为穆,璨若日星,何派何支,了如指掌。《书》曰:"若网在纲,有条而不紊。"其是之谓欤。是为序。

同治九年(1870年)岁次庚午

邑庠生雷用霖拜撰①

修谱序

诗相阴阳,书卜瀍涧。维厥休居,择地而踏。古人所为,计长久也。吾乡蓝氏自始祖肇基,迄今十有六世,子侄蔓延,越州逾邑,不可胜计。族中诸君,大惧祖德宗功,久而哀梨之蒸也。

己巳(1869年)春,议延名师纂修家乘。越明年,工竣,嘱叙于余。余学浅才疏,何敢言序?然自维生平考义青囊,时尝陟高山、游大野,高瞻丘壑之间,远瞩平原之内,见某山某水,襟带回环地也,宜钟灵;某宅某坟,磅礴郁积区也,宜毓秀。指而计之兴替盛衰,其为余所决者,盖不失一二。

今蓝氏墓庐得地,以有此发祥也。贤子孙能笃宗族,庇本根,纂立谱书,以为承先启后计,其炽昌宁尚有艾乎?他时族类昌荣,驰声宇内,俾我雷、钟、李诸姓,并与荣施也,当益信余言之不爽矣。是为序。

同治九年(1870年)岁次庚午

雷白拜撰②

修谱序

万物本乎天,人本乎祖。孙之有祖,犹水之有源,木之有本也。自轩辕锡姓以来,谱牒遂兴。尧称睦族而百姓平章,舜美克谐而四方风动。大节克敦,帝世赓扬至治;彝伦攸叙,群黎共识尊亲。然则,谱之不

---

① 《修谱序》,《汝南蓝氏宗谱》,共和癸酉年(1993年)修。
② 《修谱序》,《汝南蓝氏宗谱》,共和癸酉年(1993年)修。

可无也明甚。稽我蓝氏，自唐迄明，年代荒远，遗牒失传，盖所谓守实者良难耳。所幸者，敕书帝命，光炳日星，府县碑志俱有明文。孟子曰："其详不可得闻也，尝闻其略矣。"

己巳（1869年）之春，余与族叔相议编辑谱书，维时有志敦宗者，靡不欣欢从事，踊跃赞成。用是不惮艰辛，汇集丁甲，邀请王先生珥笔，立法为图，并付枣梨。越庚午秋告竣，展卷之下，窃喜昭穆不紊，秩序无愆，祖德宗功，万年无斁，不可谓非盛事矣。因不揣固陋，谨付数语于简端，以识庆幸，云尔。

同治九年（1870年）岁次庚午

裔孙璧山、联辉谨识①

序

闻之别子为祖，继别为宗，古之制也。信则笔之，疑则阙之，谱之例也。至祖宗介于疑信之间，则惟以继而别之，笔而阙之，俟夫后起者因流而穷源，循名而核实焉。可稽吾蓝氏自肇基汝南，数千载来，支分派别，散处各省者固已更仆难数。独吾宗一派，向无谱牒，莫审其所由。分阅数十世，其间名讳、里居、生娶、卒葬，茫无足征。迟之又久，势必至一本而途人视之客。

秋，族人议立宗谱，家君明彩适与其谋，即以朝聘公为我派之始。遂延茂才王乐莘先生于家剞劂成书，雁行法于欧阳，系图宗诸苏氏。阅八月而工竣，披览之余兴，窃有感焉。盖作谱之法贵切实，不贵浮夸。设或援名家，附大族，士如丐，滥称己祖，崇韬妄拜他人，改柯易叶，徒自诬己。

昔苏眉山作家乘，以迁蜀之祖为始祖，讵不知数典忘祖之讥。良以远而无稽，究不若近而有凭者之为质实也。吾宗之谱，虽未能深考夫数千年以前与数十世以后，联为一册，而纲举目张，了如指掌。继别阙疑之下，其于尊祖敬宗收族之意，亦不无偶合云。是为序。

同治九年（1870年）岁次庚午

裔孙茂兴谨识②

---

① 《修谱序》，《汝南蓝氏宗谱》，共和癸酉年（1993年）修。
② 《序》，《汝南蓝氏宗谱》，共和癸酉年（1993年）修。

修谱序

岁己巳,合族辑谱,拟董事数人,家君亦备举,共商厥事,日夜靡遑。越庚午,谱竣,督余作序。余学浅率,而难辞其职。夫所贵乎族谱者,为其能昭族氏也。慕贵显而忘故吾者,谄也;甘附于人者,无志者也;忍以虚诞而诬其祖宗者,不仁之甚也。

今我蓝氏,子姓繁昌,散处不一①,而缘流溯源总不越广东者近是。但先世以来,谱书未立,文献无征。唯是综其序次,分其昭穆,上述本源,仰承血脉。不旁搜而远骛,不领异以标新。详其所出而非繁,阙其所疑而非略。条分缕析,若网在纲,井井不紊,甚至世阅千年,不致数典忘祖。行周万里,无烦倾附而问支,又何至虢郭讹承,庐雷误袭也哉。是为序。

同治九年(1870年)岁次庚午

裔孙景庄谨识②

蓝氏谱序

蓝自得姓以来,迄今五千余载之生久矣。祖若宗之起家广东,分居闽浙等处者,必有谱牒以纪祖大功,以传久宗,俾世椒衍瓜绵,不失一本九族之谊。独平邑昌禅岙口一派由来何自,转移于何方,尚未编修家乘,其间里居不传,行第莫考。迟之又久,势必各祖其祖,各宗其宗。或不幸而经兵焚,益复荡折离居。迩者远,亲者疏,此苏明允所以维彼途人,其初一身之叹也,呜乎可!

己卯(1879年)仲阳之月,我蓝氏收族协理纂录。生甲孔凌为人慷慨,名游四方,敬宗收族,流芳百世,然有志于修谱相聚而能。人曰:"事莫大于尊祖,尊祖莫要于收族,收族莫先于作谱。吾宗谱之未修然。"由是上溯本源,下寻支派,付诸厥氏,勒为成书。推其所自出,无数典类祖之讥;联其所已分,有系姓缀食之义。千百年之昭穆不紊,数十世之里居可考。其于先王教孝明伦之旨,盖有合焉。

斯举也,不失仁人孝子之用心乎。横渠先生云:"贤人出,国将昌;

---

① "散处不一"原文为"不散处一"。
② 《修谱序》,《汝南蓝氏宗谱》,共和癸酉年(1993年)修。

子孙才,族将大。"继自今蓝氏之光先绪,而启后人也可。于是谱之成,卜之矣。爰不揣谫陋而乐为之序。

时大清光绪五年(1879年)岁在己卯仲阳之日穀旦
钦加五品衔浙江选用训导吴一峰拜撰①

重修蓝氏谱序

余少时随庭训,于昆蒲道于华洋者数矣。憩足之余,俯瞰西坑一带,土厚水深,树林尤美,纯固敦宠之气漾溢于山头水湄间者,心善久之,客路匆匆,以不获访胜蒐奇为惜。

甲辰(1904年)秋,华洋蓝氏议谱牒,延余先严修辑。严命余赴兹华洋。夫华洋,山川秀丽,户口殷繁,实为吾郡名宗巨族。一旦抵其地,登其堂,溯其世系源流,亦考古者之一快也。由华洋而下,有西山、富厝、罗厝,三族之姓蕃昌如华岳三峰,奇笔竞秀。溯厥由来,数迁而至华洋。华洋而生齿日繁,播迁日广,或徙岭家山,或居岱岭,以及泰邑之柿洋,霞邑之西沉、乌杯、南柄,星罗棋布,又由华洋而分也。倘无谱以系之,将连枝之叶视为异种,一本之亲等于路人,乌乎可?

今族中景庄、云亭、茂益、茂拱、茂藏、景学诸翁,念作人者之有惧,修者之无侣,力肩是任,殷殷勤勤,延余先严辑修,惜谱未卒业而亡。余固忾忾夫先严,而又欣喜诸翁有尊祖敬宗之念,敦族之心。呜呼!此蓝之所以兴,所以大也。自古豪宗名族,非不优龙凤,劣虎豹,鳞鳞炳炳,为宗族光,然不旋踵间而王谢堂前,风流顿尽,何如蓝氏之族绵绵延延,更数百年而保世滋大耶。横渠子曰:"贤才出,国将昌;子孙贤,族将大。"今蓝族之大如是,贤子孙作复能继,往古开来,今其炽昌,尚有艾乎?他日文孙济济,登金马,上玉堂,非特为祖宗大其族,抑且为圣主昌其国,不益见山岳之灵钟毓于华洋者,为独厚哉!是为序。

光绪三十一年(1905年)岁在乙巳
邑廪膳生王作梅拜撰②

---

① 《蓝氏谱序》,《汝南郡蓝氏宗谱》,宣统己酉年(1909年)修。
② 《重修蓝氏谱序》,《汝南蓝氏宗谱》,共和癸酉年(1993年)修。

谱　序

　　余蓝氏始祖由闽浙而来平邑北港青街泥山,继徙于三十一都昌禅岙口住居开界,迄今十有六世矣。生齿日繁,播迁无定,或居小新垟,或移小华洋卢墩,或二坑以及八都虎陷等派,星分棋布,渐远渐疏。苟无谱以纪之,其不至于路人相视也哉!

　　兹岁己卯,余谋诸族人,佥议重修。遂往遍处采访,加之堂兄孔盛、族侄孙明锡等相为助理,合族中叔侄辈既有敦宗收族之心,余复何辞?数月稿成,遂延李先生付诸梨枣。仿欧苏之式,一纵一横,各相表里,详略互陈,务归诚信。刷印连环谱,六都记一十五派,各处分藏,以防日后遗失。谱既告竣,谨详始末原由,以便后人稽考日时云尔。

　　时在光绪五年(1879年)岁次己卯冬月吉旦

　　第十二世孙孔凌谨志①

新增谱序

　　窃思古者缘姓立宗,缘宗定谱,所以笃亲睦族,推本穷源,俾子孙知所自也。是以故家右族,莫不有谱,以纪其支分派衍,亲疏昭穆之殊,诚欲子孙善继善述,庶不至尊卑失序,昭穆混淆,尊尊亲亲,秩然不紊。谱之藉于修也,不綦重哉!

　　自世人忽水源木本之思,遂置祖宗功德于不问,至有世系莫考,昭穆憯然不再传,而一家相视为途人者。平邑昌禅蓝氏之派,固无虑此。先是光绪五年己卯,族董孔凌、孔盛、鸣锡创厥谱书,固其宗盟,以视世之忽水源木本者,固有间矣。韩子曰:"莫为于前,虽美弗彰;莫为于后,虽盛弗传。"兹蓝子泄、子汉、鸣秋诸君,慨然以续修为己任,延余。余不揣谫陋,可谓美而彰,盛而传。

　　自春徂冬,工甫告竣,问叙于余,余喟然曰:有是哉,蓝君之盛举也!具尊亲之心,辑成斯谱,俾阅者由所亲推而及亲者之所亲,由所尊推而及尊者之所尊。行见一族之中,秩然蔼然。君子推为仁里,有司表为义门,则约之为一姓亲睦之规,广之为一世休和之象。岂第美而彰,盛而

---

① 《谱序》《汝南郡蓝氏宗谱》,宣统己酉年(1909年)修。

传,仅为承先启后之良图而已哉!是为序。

  时大清宣统二年(1910年)岁次庚戌蒲月穀旦
  昆阳象源内绎如李联章拜撰①

修谱新序②

  盖闻人类在帕米尔高原肇始生人,自此蔓延四下,遍布地球,以成世界。据最近地质学家所研究,人类由无生代而至有生代,距今约五十万年的历史。哲学论譬天子地丑人寅,且上古政治文化尚未开拓。虽有象形以代结绳,皆不足事。实乃我族自开辟世界,男女同员劳动,垦荒成田,以纳国税。当封建滥觞时,史□美颂功臣,以星宿降凡等渺谈。今民智更新,迷膜剖破,实不适居今科学之理论,纂修宜以删补,继承完璧。

  迨明时,朝聘公由潮州舫向罗源连江马鼻登陆。嗣后子孙迁徙,星散闽浙等地。谱之本源,璨然缕晰。因年久失修,势恐脱离姓族之联系,此世孙景瑞、景君、清记、振文、春胜、春衣、春钦、春麟等,不辞艰辛,等第重修,终成告竣。且家之有谱,犹直接氧气炭(碳)酸,如地球之先由瓦斯体而不绝生化之源。孙以忱诚撮其大要,本姓碳之简史。是为序。

  共和癸巳年(2013年)吉旦
  十四世孙月阳拜题

三、宗族建设

(一)宗祠修建

祠 图

  凤凰山原有祠址,与南京一脉相连。因世远年湮,祠宇倾圮,族灵

---

① 《新增谱序》,《汝南郡蓝氏宗谱》,宣统己酉年(1909年)修。
② 《修谱新序》,《汝南蓝氏宗谱》,共和癸酉年(1993年)修。

未妥。今族众捐资,将凤凰山旧址重建祖祠。其祠坐丑山未向,计直二十四丈,横一十八丈。前至雷家坊,后至观星顶,左至会稽山,右至七贤洞。四至开具明白,以为盘、蓝、雷、钟四族永远同据。①

重建蓝氏宗祠记

浩渺大流,出之以源,不知源何以知流之长,树冠之茂,来之于根,究其根则知其身。一族之兴衰,察其于文化经济。二者显示于宗祠之景观,是各族立祠之理也。然我族经历代战乱,散居全国各地。我支派朝聘公几经辗转,迁居于此,亦已数百年,繁为大族,焉能无宗祠乎?为念先人哺育后代所付艰辛,祖辈曾几次筹建,均为种种原因终未成功。

十九世纪中叶,虽建三溜木屋,因经济不足,修缮不周,毁于台风。一九九二年春,蓝景机、春炎、春晓、承武等人,重组人力,效古人步履六个县境,访过所有叔兄侄辈,得以支持。有春法、春签、春曙、春峰等捐资相助,移址石塔东北,坐癸向丁兼子午。承取、承斌等参加设计,王金梅承建宗祠宇五溜,庭院宽七丈五尺,长十丈二尺。二月初六破土动工,五月廿七落成。

其建筑皆用砖及混凝土结构,黄瓦屋面,白色围墙,古汉式亭楼门屋,大红圆柱刻以楹联,院内设置花圃,优美壮观。全族无不欣喜,皆言百年夙愿今酬矣,乃祖宗之德,吾人之福也。愿后人务须勤耕苦读,树我族于中华民族之林,以慰先人在天之灵,而光宗祠之辉矣。

双华十五世孙青御拜撰②

蓝氏宗祠地基契

立卖断契人蓝青衫、清林、承轼、承欣、承镯、承庆仝等,今因厝基调用,将祖厝分落。厝基一段,阔七丈五尺,长度内至外路为止,坐落鼎邑二十都小华垟桐屋宫后门安着,四至列后。托中人送卖于蓝氏建设宗祠,双方议定时值人民币壹仟圆正,其票即日随契亲收完讫。未卖之前,不涉房分伯叔兄弟子侄之事。自卖以后,听从蓝氏建起宗祠,如有

① 《祠图》,《汝南蓝氏宗谱》,共和癸酉年(1993年)修。
② 《重建蓝氏宗祠记》,《汝南蓝氏宗谱》,共和癸酉年(1993年)修。

不明等情，由青衫、清林、承镯等自行向前理解。自卖之后，听从蓝姓首事人建设宗祠。恐口无凭，即立卖断契乙纸，永远为存照。

计开四至俱明，左至春池地，右至青衫地，前至门楼路，后至水沟为界。

中华人民共和国一九九二年岁次壬申元月廿三日

为中人　蓝春洞

立卖断契人　蓝青衫、蓝清林、蓝承轼、蓝承欣、蓝承镯、蓝承庆

执笔人　蓝光达

建设祠主事人　蓝春炎、蓝承武、蓝春晓

房证人　蓝春禄、蓝春牡、蓝承银、蓝家来、蓝景枝[①]

(二) 颁定行第

颁定行第

字行小引：

盖闻宗无谱则支派难稽，字无行则世次罔觉。历之久远，宗族之称谓淆矣，定而为行，虽地之相去千有余里，世之相后千有余岁，而一叩其行字，尊卑自有定序。《书》曰："若网在纲，有条不紊。"其是之谓欤。

旧排字行：朝宗德建永国胜文　士孔子明茂景清春

新颁行第：承家宜孝敬　保世贵纯良

表字行：克守圣贤志　孙枝肇振昌[②]

---

① 《蓝氏宗祠地基契》，《汝南蓝氏宗谱》，共和癸酉年（1993年）修。
② 《汝南蓝氏宗谱》，共和癸酉年（1993年）修。标题为加拟。

四、宗族规约与社会秩序

(一)宗族规约

族规六则

一曰孝父母。人生天地,父母至亲。三年怀抱,十月艰辛,鞠育恩重,怙恃情真。愿吾后裔,孝道是遵。

二曰和兄弟。孔怀兄弟,同气连枝。谊关手足,秦叶埙篪,张家宜效,田氏当师。愿吾一体,角弓戒之。

三曰别夫妇。居室夫妇,同穴同衾。鹿车同挽,鸿案相钦,共结丝罗,永谐琴瑟。宜其家室,二南当吟。

四曰序长幼。乡党长幼,大义需明。父事兄事,随行徐行,谦恭退让,温厚和平。亲疏同爱,勿忤勿争。

五曰睦宗族。一本宗族,睦恤是敦。少须敬老,卑莫犯尊,六世共爨,九代同门。凡我同姓,古道勿谖。

六曰训子孙。本支子孙,习业宜专。为忠为孝,希圣希贤,农工安分,商贾耕田。各修其职,见异勿迁。①

(二)宗族与社会秩序

示禁碑

奉平阳县周重勒石牌永禁示谕,亦建立衙门首。署浙江温州府平阳县正堂加五级,纪录十次周,为循例晓谕示禁事。据畲民雷向春、钟子评、雷文锦、蓝士嘉、李子远等称,身蒙前代高辛氏赐姓蓝、雷、钟、李四姓,迁居散处,开山为田,以供赋税,各省皆然。现在浙江温州平阳、瑞安,闽省连江、罗源、宁德、福安、霞浦、福鼎、景宁等县,均各勒石示禁,不许里堡地棍借端索扰。身祖雷起定于康熙三十七年(1698年)因

---

① 《族规六则》,《汝南郡蓝氏宗谱》,宣统己酉年(1909年)修。

地棍叠次扰害，是以会同瑞邑蓝文贵、平邑蓝文遗等呈鸣督宪郭暨道府二宪，蒙仰前宪徐将、道宪颁发告示张挂，并将示内事理勒石永禁，庶地棍敛迹，身等俱各安居。因上年杨宪重建头门，将碑移开，未蒙重立。身等恐地棍乘碑未立，仍然借端滋扰，呈请修建示禁等情投县。据此，除查案准其建修外，合行出示，严为此示。仰合邑居民人等知悉，自示之后，尔等务宜各安本分，毋许扰害畲民。倘有不法地棍仍然借端索扰，许被扰之畲民协保指名，禀县以凭按律究治，断不宽贷。各宜凛遵毋违，特示。

嘉庆七年（1802年）八月十七日给①

---

① 《汝南郡蓝氏宗谱》，宣统己酉年（1909年）修。原文无标题，为辑录时加拟。

双华《雷氏宗谱》中的地方社会文化

胡舒扬

双华《雷氏宗谱》记载了雷姓的起源,对雷姓作为畲族姓氏的源流进行了梳理,修谱序、建祠谱记、族规等内容则反映了双华雷氏繁衍徙居和宗族建设方面的情况。

一、源流繁衍

雷姓起源及其迁衍

雷姓是当今中国姓氏排行第八十八位的大姓,人口较多,约占全国汉族人口的百分之零点二二。全国最多的地方,根据《元和姓纂》的记载,是冯翊和豫章两地。冯翊就是现在山西省夏县,豫章是现在江西省省会南昌。后来全国的雷姓都是从这两个地方分支出去。

雷姓来源有三:一、出自方雷氏。据《元和姓纂》及《通志·氏族略》所载,古诸侯国有方雷氏,后以国为氏,单姓雷。二、出自雷公。据《姓苑》所载,黄帝有臣子雷公,是个名医,精通医术,其后子孙以雷为氏。三、他族改姓。据《姓氏考略》所载,东汉末以及魏晋南北朝时,"屠山蛮"和"南安羌"改姓为雷;金时女真人阿典氏汉姓为雷;满洲阿克占氏改汉姓雷;颛顼族春雷氏,汉姓为雷;基诺族布衣民,汉姓为雷。今壮、苗、彝、瑶、水、阿昌、畲、羌、土蒙、蒙古、回等族均有雷姓。

雷姓最初是以中原为其繁衍地,原于北,盛于南,从周朝至秦朝的百年内,雷姓不显于史,这大约是由于此时缺乏名人等缘故。上述的几

支雷姓,在早期的发展中各自独立,界限分明。其中出自雷姓的一支,在后汉、三国时相继才出了雷义、雷同等著名人物。此期有资料表明,已有雷姓迁居于古时的楚汉之地,即今天的江西、湖北、安徽、四川等地。此后经过不断地繁衍播迁,雷义、雷同的后代在晋朝时形成了今江西省境的一大望族,史称"雷姓豫章望"。后不断向南北方扩散,其中豫章人雷焕后裔有一支迁往冯翊(今陕西省大荔县),后来发展成为一大名门望族,于是雷氏又有以"冯翊"为郡望、堂号的。魏晋南北朝时,雷姓在南北方都有新的发展,但均以冯翊、豫章为其主流,而且这两支雷姓均各自独立发展,直到隋唐以后,雷姓分布更加广泛。如内蒙古、广东、陕西、江西、四川、湖南、山西均有雷姓的身影。其中,迁徙至江西、岭南的雷姓,有一部分融入苗、瑶、彝、侗、畲、壮、黎、布依等族中,雷姓都是大姓,他们有自己的族谱,还涌现出一些有作为的人物。

十二世孙志斯谨识①

畲族姓氏源流(节选)

有关畲族的姓氏源流,畲族的姓氏,也是华夏炎黄子孙的一大部分,源于北,而盛于南。畲族起源也是汉族中的一个派系,原出黄帝庶子名雷,容貌俊伟,体魄雄壮,力大无边,在战蚩尤时立大功,黄帝论功行赏,封王位,名曰"忠勇王",夫人萧氏。生有三男一女。长子名"盘",盘自能,其子孙在日本琉球一带,中国少数。次子名"雷",雷巨祐。三子名"蓝",蓝光辉。一女名"玉辉",招驸马钟氏。圣上赐"忠勇王"长子盘自能"南阳郡"武骑侯,吏部尚书张启之女为婚,封一品夫人。次子雷巨佑封雷州"冯翊郡"立国侯,刑部左侍郎葛尚辉之女为婚,封一品夫人。三子蓝光辉封"汝南郡"护国侯,户部尚书廖尚惠之女为婚,封一品夫人。一女"玉辉"赘钟志深为婿,封"颍川郡"敌国勇侯,官赐三品爵。封"忠勇王"公主金精银精夫人,赐姓"萧氏",封一品夫人。骸骨葬于潮州(今广东)会稽凤凰山七贤洞石孔中西南。

雷、蓝、钟,三姓源于黄河流域一带。由于受到北方游牧民族的侵袭,加上唐末黄巢起义,五代十国的分裂,被迫离开黄河中下游,大部分

---

① 《冯翊雷氏宗谱》,公元 2006 年修。题目为改拟。

迁徙广东、福建上杭等地,其余部分畲族同胞在唐光启二年(886年),盘、雷、蓝、钟,有三百六十余丁口从闽王王审知为乡导,由海来闽至连江马鼻,道沃登岸时徙罗源大坝头居焉,盘王碧一船风漂流至日本琉球一带,故中国少传。后来雷、蓝、钟,三姓繁衍,散居广东、福建等地,而浙江畲族均从广东或福建迁居于此,俗称"畲族",新中国成立后,中央人民政府批示畲族为少数民族。

十二世孙志斯谨识①

二、宗谱编修

根据谱中"修谱名录"的记载,双华《雷氏宗谱》分别在道光乙巳年(1845年)、同治癸酉年(1873年)、光绪癸卯年(1903年)、民国癸亥年(1923年)、共和壬辰年(1952年)、共和己未年(1979年)、甲戌年(1994年)、丙戌年(2006年)进行过编修②。该谱凡例及修谱序辑录如下:

(一)宗谱凡例

凡　　例

——谱系支图,用苏氏五世之法五服之义,以明九世。再提合两图为九世,九族之义亦具。伯仲之序,自左而右,俾观者了然。余俱仿此。

——行第前十一字,不论语意,后凑成十三字,亦属天然,无害于义。故我后人其成厥也夫。

——妻书配某氏,继娶亦然,纳妾则书侧室。或夫亡再醮者,书改节以贬也。

——书生男几人,女几人。或适,或继出,或庶出,各注明。男配某处某女,女适某处某姓某名,亦各详明,以便稽考。

——男年虽幼而列前者,为其有承祧之重。女子年虽长而列于后者,为其归于外家也。

① 《畲族姓氏源流》,《冯翊雷氏宗谱》,公元2006年修。
② 《冯翊雷氏宗谱》,公元2006年修。

——异姓不得乱宗。或养子,或抚子,及随母入继者,均于名字上载明,以辨亲血脉也。

——谱以明宗。其无子而立本宗继祠者,当书某公第几子入绍,而于本生父下,亦书第几子出绍某公,方不为异姓所乱。而图用红支,明一本之义也。

——命名不得犯昭代、庙讳、圣讳,及祖讳、父讳者。有则改之。

——坟茔乃先人安厝之地,报本追远之意寓焉。故凡有理葬者,必书葬某处,坐向分金,或合葬、附葬之类。

——凡大公小公,暨各房祀田,载明谱端以为子孙祭纪轮流。本坟山系幽魂之凭依,无论私卖明卖,不拘亲疏,均可执谱鸣官,不肖之罪惩之。①

(二)宗谱序文

修族谱序

古者国有史,家有谱,史以纪兴衰治乱之由,谱以纪世系源流之辨。谱与史虽不同,而其义则一也。故谱者,普也②。由祖宗世代名讳,至于男婚何氏,女配何门,生居某乡,卒葬某里,及贵显官爵封谥,详列于册,以传无穷而垂不朽。谱之所系,诚匪征也。

乙巳秋,适吾表弟景瑛有志先人建造家乘,以余祖母出于雷,因属为序。余深嘉其事之美,遂稽雷姓之源出高辛帝,以宫女招驸马,遂生巨佑公,锡姓以为雷氏。鼻祖慈广东潮州府凤凰山,原有总祠,历代递传,于今千百年矣。虽孔子删书断自唐虞,而敕书帝命,明炳日月。迨阅府县碑志,不有明征哉!遐想古来名臣理学代不乏,第世远年湮,本支莫辨,无谱者稽然,而扬宗功者纪其近,光祖德者考其实。今考其肇基,惟自宗砥公始。公由福建省罗源县而迁福安,后移居平邑利洋。及启顺公分徙鼎邑华洋,见夫山川明秀③,风土沃饶,乃卜筑于斯。后兴家创业,子孙绵衍,历二百余年。若不立谱,将使百世之远,则族众派别

---

① 《凡例》,《冯翊雷氏宗谱》,公元 2006 年修。
② "普也"原文为"谱也"。
③ "山川明秀"原文为"山川水秀"。

支分,他徙久隔,致亲属不相识者,不几①视本支于路人乎!

今谱梓程,余观其图,览其文,见其有传有志,有劝有惩,木本水源,宗支不紊,左昭右穆,世次以分。璧合于其上,珠联于其下,将所谓上治祖祢而尊尊之义昭矣,下治子孙而亲亲之仁立矣,旁恰昆弟而有恭之礼行矣,谱之义大哉。此谱立,宗祖赖以生辉,彝伦顾以攸叙,俾后之贤士继继绳绳,绵千秋而不朽。表弟之纂谱又有大于名教也,余属慈依,不辞固陋,妄参行用,附骥尾谨为之序,并七言一制。

　　深嘉懿戚志光前,建造家乘启后贤。
　　木本水源昭穆序,宗功祖德子孙联。
　　居乡丘墓详明矣,婚适讳名著了焉。
　　创始维艰续易□,以遗于姓永流传。

道光乙巳年(1845年)十月

佳阳钟起珍拜撰②

序

盖闻万物本天,人生本祖。人有宗祖,犹木之有本,水之有源。自轩辕锡姓以来,谱牒遂兴。夫谱者,普也。所以尊祖宗而联络子孙,序之以长幼,别之以亲疏,既之上治下治而无宜者。是故大节克敦,帝世赓扬至治;彝伦攸序,群黎咸识尊亲。诵《麟趾》而振振分姓,美索多③而绵绵瓜瓞,谱之义大矣哉。吾君一坦先生有志绪迪启前光往勇从事重修家乘,是非其鸿才卓识而胜大任者,不能夯而理也。余深嘉之,特赞仪语以表宗敬祖④,笃亲亲而起孝思之道也。为序。

大清同治十二年(1873年)岁次癸酉仲冬

春戚附贡生钟熙年拜撰⑤

新修谱序

昔老泉作苏氏族谱序,谓孝弟之心可以油然而生,诚以亲亲之心人

---

① "不几"通假"不岂"。
② 《修族谱序》,《冯翊雷氏宗谱》,公元2006年修。
③ "美索多"三字语义不通,但原文如此。
④ "表宗敬祖"原文为"表宗祖敬宗"。
⑤ 《序》,《冯翊雷氏宗谱》,公元2006年修。

尽有之，而不考祖宗之世系，不识支派之攸分，无怪乎世人相叛相贼①，致骨肉有路人之叹也。惟合族属子姓类为一，斯俾同条，其贯之义，开卷了然，能无恍然而悟本之宜敦，征然而思族之宜睦乎？

　　鼎邑华洋雷氏，君汲三德，奎出为首，倡复拟重修，仍聘家君珥笔。余取而阅之，见其世系源流、祖宗功德具备于各序传中，无庸再赘。第君之来也，孝弟之心油然见词色，诚有不能已于言。夫谱为宗法所系，纲常所寄，尊亲之道惟谱是求，人苟从事于斯，则在家为孝子慈孙，在国为忠臣义士。于以看子，复生子孙，氏族蕃衍，食报无穷，理固不求而自至。然则修谱之意，使为一家一族计，而命意深远，亦不仅为家族计也。盖将兴一族之孝弟，以推之于国，上臻车书，大同之盛，与欧美文明诸邦并见称于世，岂不懿哉！

民国癸亥年(1923年)冬月
高等毕业生子翌王瓒谨志②

新修谱叙

　　岁正月，余客游北坑头，道经华洋，见夫山之高耸云霄，水之深，汪洋勃洒，谓山川灵淑所钟，宜蔚为名宗巨族，心美者久，询之于人，乃知雷氏聚族于斯，第客路匆匆，以不护？登雷氏堂稽其世系源流为憾。桥亭一碧同侄时深、时贤，雷氏之族也，与华漾、一眼、德奎诸君同为族董，暨合族各房长等慨然以修谱为志，会而议曰："人之有祖宗，犹水木之有本源。木有本，其枝必茂；泉有源，其流必长；人有祖宗，其子孙必盛。盛而无有谱以联之，势必至尊卑失序，长幼混淆，虽一本之亲，未免秦越相视。于是合族佥议修谱，请余兄贯一为之。图列横粪，式仿欧苏。旧者仍之，新者增之，讹者正之，疑者阙之。凡汇新丁，九百奇数，刷以字板。自春徂秋，而工告竣，问序于余。

　　按其始祖，乏所自出，谱内详明，无容再赘。第念世风不古，竞尚奢华，而盘瓠氏之后犹敦朴处世，勤俭持家，浑浑善，不雕不琢，蔼然有太古之风，是知舍末而就本矣。今诸君复有可举，以祯叶本之流，数典而忘祖者不俟。从此以后，高辛之遗徽丕振，冯翊之世德重新。余于雷氏

---

① "相叛相贼"原文为"相版相贼"。
② 《新修谱序》，《冯翊雷氏宗谱》，公元2006年修。

有厚望焉。是为序。

　　大清光绪癸卯年(1903年)桂月

　　郡廪膳注德甫王体仁拜撰①

新修谱序

　　夫族之有乘,犹国之有史,可以纪家族之盛衰,辨世系之源流,述祖德宗功,典型后代,倡民族团结,楷模前贤。历史在前进,社会在变革,观念在更新,新中国之新家乘应不同于旧谱者,不单在编排世系、详列丁口,序跋、传纪、赞引应多多志大事、数风德,发扬我畲族祖祖辈辈刻苦耐劳、战天斗地之优良传统与鲜明之民族特色,力求以社会主义新社会之新道德、新眼光、新手法书写历史,教育后昆。

　　考我祖宗龅公,于明万历壬午,公元一五八二年,由福建之罗源迁至福安。二世祖分孟、仲、季三房。三十年后,孟房大温公于万历十年壬子,公元一六一二年,由福安迁平邑五十二都,现浙江省苍南县东家山。又二十年,季房大仙公于崇祯十年丁丑,公元一六三七年,由福安迁现福鼎县前岐镇佳阳畲族行政村之宾洋。再七年,仲房大裕公于元年,公元一六四四年由福安迁浙江平邑蒲庄,现浙江省苍南县蒲门镇之南里垅。传至四世启顺公,二世大裕公长子振安公之独子,康熙四十九年庚寅,公元一七〇七年,由苍南县之蒲门迁现福建省福鼎县前岐之双华畲族行政村。

　　绳绳继继近三百年,枝绿叶茂,传十六世,凡一千四百余丁口,瓜瓞绵绵,可谓盛矣。然新畲山之伟业,意待宏达培育英才,前路漫漫其修远乎,凡我昆仲裔孙,必明努力。

　　公元一九九四年甲戌冬月

　　十二世孙志斯谨识②

---

① 《新修谱叙》,《冯翊雷氏宗谱》,公元2006年修。
② 《新修谱序》,《冯翊雷氏宗谱》,公元2006年修。

三、宗族建设

(一)宗祠修建

建祠谱记

昔源流论古今,国有史,家有乘。考我祖,排世系,列丁口,建祠修谱,为是报祖颂宗。然我祖有史以来没有宗祠,故族人为此无不惦念在心,于是由族亲利义、利吉、利璋、志强、志满、志晓、志斯等人为筹建宗祠首事,并由仲房大裕公裔孙应花公派下金、昌、玉、丰、登五房赠送建祠吉地一号,契约附后。坐落本村华洋西山下,长二十二米,宽十二米二,上至利伟草埕,下至路,左至国阳李坟山界止,右至五房公地古厝左边屋基围墙为界。

于一九九四年甲戌二月十三日典(奠)基破土动工,并在族内叔伯共同努力下,于一九九四年四月廿九日胜利竣工。本祠坐庚甲兼酉卯分金,属于砖木混凝土结构。为酬我应花公派下裔孙,在此谱记以示恩答,并立送断契一张,永为存照。

共和甲戌年(1994年)冬月

十二世孙志斯拜撰

契　约①

立送断契人应花公后裔雷志添、志晓、志强、利璋,现有吉地壹号,坐落西山下。四至开明,上至利伟草埕,下至路,左至国阳李界止,右至五房公地古厝左边屋基围墙为界。今因本族筹建雷氏宗祠,需要用地,业经昌、金、玉、丰、登五房叔伯议定,一致同意情愿赠送族内建祠之用,永不言异,反悔或旁生枝节,无理取闹。此地未送之前,房产清楚,与别房叔伯侄辈及任何个人无干涉。若有不明之处,送方自能向前支解,不累族内建祠之事。若恐口无凭,立送断契一纸,永为存照。

---

① 《契约》,《冯翙雷氏宗谱》,公元2006年修。

立送断契人　雷德贵、利义、志强、志添、志晓、
　　　　　　志招、利璋、志荣、利征

建祠首事　利义、利璋、利吉、志晓

执笔人　志斯

公元一九九四年正月

(二)宗法族规

族　　规①

一、族中无论亲疏，如有家贫而唯患难者，须体祖宗之心，其为资助。至于寡妇守节，益当持扶以成美志。

二、族属虽有亲疏，而以祖宗之同属一本，纵有忌嫌，听族长理处，不许恃强逞凶以致讼争。违者逐之。

三、子孙不许犯奸为盗、开庄聚赌及恃众行凶，贻害宗族。违者鸣官究治。

四、子孙有前程及长辈耆老，每逢年节祭祀，当近前助祭，以显祖耀宗。

五、子孙虽贫，宜自食其力。倘有失志降为奴仆、皂隶、倡优、轿优等流者，不准入祠。

六、祖田国课固宜完，如值祭抗欠，寻及祖宗，攻之。

七、祖遗祀产不许私行批扎②，不准借己业毗连，强担祖地③。其祭祀公租宜依次轮流④，不许越公背典。

八、为人以孝悌忠信为本，不可作忤逆事。倘有人面兽心、灭伦乱行者，谱内削名，不得入祠展墓。

---

① 《族规》《冯翊雷氏宗谱》。公元2006年修。
② "批扎"二字语义不通，但原文如此。
③ 原文为"强儋祖地"。
④ 原文中，此句"其"字前还有一"地"字，语义不通，故删去。

颁定行第[①]

名 行

宗大振启　应鸣子景　一时德志
利达建功　文行忠信　立见兴隆

字 行

敦伦修纪　高咏佳篇　瑞呈麟趾
世泽绵延　象赞继起　甲第联翩

---

① 《冯翊雷氏宗谱》，公元 2006 年修。标题为加拟。

佳阳《李氏宗谱》中的地方社会文化

胡舒扬

佳阳乡地处闽浙交界,东北接浙江省苍南县,东南接沙埕镇,西邻前岐镇,西南与店下镇隔海相望。佳阳《李氏宗谱》梳理了李姓的源流和双华李氏徙居迁布的历史,修谱序、祠堂记、家训等内容则反映了佳阳李氏繁衍徙居和宗族建设方面的情况。

一、源流繁衍

(一)李氏源流

李氏受姓序[1]

按唐宗室世系,李氏出自嬴姓。帝颛顼,高阳氏,生大业,大业生女华,女华生皋陶,为尧大理。历虞、夏、商,世为大理,以命官族为理氏。至后,利贞避难伊侯之墟,食木子得全,因改理为李氏。李利贞十一世孙,老君之后,以居陇西,一居赵郡。居陇西者生广,广之后生唐高祖。武德三年(620年)五月,晋州人吉善行,自言羊角山见白衣老父曰:"吾为老君,吾是祖也。"诏于其地立庙。高宗乾封元年(666年)正月,尊老君为太上玄元皇帝。开元二十九年(741年)闰四月,上梦玄元皇帝云:"我像在南京城西南百余里。"遣使求得之于磐屋,迎置具庆宫。天宝三

---

[1] 《李氏受姓序》,《陇西李氏宗谱》,民国丙子年(1936年)重修。

年(744年)三月,尊周上御史大夫为先天太皇,皋陶为德明皇帝。

昔高宗恭默思道,诚心求贤,故梦帝赉之良弼。明皇志求神仙,感力士之言,而以老子其祖也。感而见于梦,亦其诚之形也。又曰:老子之受书传说无见焉。取力士附会之说,而追尊加谥,不亦诬乎?皋陶作士而作史,以为大理,概不经矣。唐之先祖出于陇西,狄道非有世次可信,而必托之上古,以耀于民。则姑录之以备参考云。

(二)徙居繁衍

倡修宗谱序①

粤稽我姓,李氏系出皋陶之后,伯益为虞理官,子孙遂以官为氏。至殷末,理利贞避纣乱,居伊侯之墟。因食木子,改理为李,则知李姓之所由来者尚矣。

迨广公封于陇西太守,故以陇西郡著然。溯李氏之源系,虽簪缨阀阅,代不乏人。而我等始祖廷玉公,乃李升公之子也,入赘蓝色艳公之女,代远年湮,家无旧谱可考。厥之而已,越及我祖,显达公原居闽之霞邑雁落洋,配妣雷氏,生三男,长景崇公,次景谨公,三景楮公。兄弟三人于明季兵燹之秋,由雁落洋移来浙东昆阳之南港,各自开基创业,迄今二百余年矣。

支分派衍,星散不一,或居平之华垟、牛角湾、蕉坑暨金岙、五亩、大施、枫树湾,或徙鼎邑之横坑、浮柳洋、赊地、熊岭,以及泰邑王沙溪等处。若非缔谱以联之,诚恐一本之亲,未免途人相视,则谱之修宜亟也。爰乃集族商议,捐资修辑。余等才疏,弗克胜任,敦延李、金二先生为之纪录。上稽下考,备尽见闻,生卒有书,坟茔必志。昭穆辨而伦常益笃,长幼序而礼义以兴。睹斯谱者,立志奋扬,光前裕后,是则余等之所厚望也夫。

道光二十二年(1842年)岁次壬寅菊月穀旦

九世孙承实、十世孙大振、大胜、大蒋同谨识

---

① 《倡修宗谱序》,《陇西李氏宗谱》,民国丙辰年(1916年)重修。

第九次增修宗谱序

唐高祖李渊第廿七代裔孙火德公,入闽之始祖。继传十五世,君达公迁徙安溪,卜居湖头,繁衍拓展基业,住地建有李家庙,五进一座,现属国家文物保护。再十五世,恒升公之子李廷玉,时因寇乱,逃至福州汤岭,羁寓蓝色艳家中。公观其品行端方,招为女婿,生三子,其长子大一郎迁居霞邑四都雁落洋。传至万十三郎公,由雁落洋徙鼎邑白琳白岩而居,配雷氏,生六男,分礼、乐、射、御、书、数六房之号,裔孙兴旺。因受地理狭窄,被迫分散,为了思宗,分立苍南华洋、福鼎深垄二个宗祠,相距闽浙,实同于一家,无相径庭之别。

粤稽六房裔孙,有显达公、程钰公、追尊公、敬立公,洞察闽浙各地。尔后四兄弟各自徙迁,程钰公迁居福建前岐三娘坑、白琳、硖门、霞浦牙城,追尊公迁居维新庵基、泰顺石街、文成九条洋、苍南莒溪,敬立公迁居平阳晓洋大田下、福建三沙、前岐薛家九里、苍南凤阳中墩。显达公进入平阳南港、苍南观美伏鹰而居,时因洪水逐年成灾,聊以卒岁。据一九九六年五月,由圣珠、先旦、学省就地考察董姓三位老人仁挨、仁砚、仁治,证实确有房址一座,显达公夫妇墓地一所。厥后迁南宋,地址不明,文献无征,现存有子远公水坝遗迹。不久南宋徙入华洋东岙地方,慕其风土,择其宝地而居,随后建立李氏宗祠一座,位于苍南城十一公里,地处南宋古楼山之西,后靠鹅峰山,前朝将军山,距观美镇府六公里,周边有下焦坑、上墘、水尾、东山下四个自然村,东与南宋古楼山接壤,南邻十二路村西与楼下村百亩坊交界,北临三美村,群山环抱,中间盆地,略呈西北倾斜。源于长垵山东阳溪流,呈现九曲之水,自东往北贯串境内,山水独秀,风光奇异,有石将军、石馒粢、麒麟吐火、蜈蚣戏珠、七星蟠月、喜鹊衔枝、金猫洗脸、老虎跳墙、蜘蛛结网等景物,还有一棵四百余年的稀奇古樟树。上游有二座水库,下游有石蟆潭、米筛潭、汤罐潭、龙潭、夏娘潭。此地康熙年间谓东岙,后曾叫愚觉盒,时称东阳村。述其宗祠,系以裔孙,分久必合,思念祖恩祖德之立志庙宇,邻居尚有天房裔孙,其余支系迁徙,须阅谱牒之详。前牒载入廷玉公生景伯公,有距七世之误。因史书不足,勿怪于前。今据三娘坑李学拱取入上

杭大宗谱和湖头李吉考证世系之图为准,而后宗支不紊,祖德常新。①

公元一九九二年壬申葭月

华洋李氏裔孙圣珠谨志

二、宗谱编修

结合族谱中的"修谱名录"、谱序的标题、序文内容及落款时间来看,佳阳《李氏宗谱》到目前为止进行过九次编修,年代明确的分别是:道光壬寅年(1842 年)、光绪庚辰年(1880 年)、民国丙辰年(1916 年)、民国丙子至壬午年(1942 年)、共和丁酉年(1957 年)、丙子年(1996 年)、丙戌年(2006 年)②。该谱凡例及修谱序辑录如下:

(一)宗谱凡例

凡　　例③

——谱图纪相连,依朱文公大小宗图法式,则纲举目张,可以毕举。

——支图遵眉山式,五世一提,法五服之义;九世再提,法九族之亲。

——有前程者,书某年取进、贡、监、杂职各备,述其年份于世纪名下。

——迁徙移居必要注明,并葬处坟山界址俱附于名下,以便稽查。

——或无后用本宗子侄承继者,则书嗣子或抱养,异姓者书养子。

——取名犯讳者则当改之,或改字体,或改字形,使不致其卑逾。

——夫亡妻出书再醮,有子随母出食者,必填明随某姓,以便归宗。

——谱牒须宜珍重,宜择贤良子孙收藏,慎勿掷东抛西,以致朽坏。

---

① 节选自《第九次增修宗谱序》,《陇西郡李氏宗谱》,公元 2006 年修。

② 见《陇西李氏宗谱》,民国丙辰年(1916 年)重修;《陇西李氏宗谱》,民国丙子年(1936 年)重修;《陇西李氏宗谱》,公元 1996 年修;《陇西郡李氏宗谱》,公元 2006 年修。

③ 《凡例》,《陇西李氏宗谱》,民国丙子年(1936 年)重修。

(二)宗谱序文

原　　序①

家之有谱,犹国之有史也。史纪国事,可以昭千古而如一日;家之有谱,可以汇万殊而归一本。苟无谱牒,不特支分派别,莫识源流之奚自,而且次渚序混,罔辨尊卑之称谓。邑之南港牛角湾,地有李氏聚族于斯,考其系,则出自李君廷玉。翁赘于蓝色艳公为婿,蕃衍荣生,故得于蓝氏,共叨世免徭役。

恩典碑示,煌煌屹立县前,猗欤休哉!诚可谓积潜德于生前,发幽光于身后者也。稽其徙居之年代,乃明季肇基斯土,阅今十有二世。兹适其贤明裔孙承实、大胜、大蒋、大振诸君,奔走闽山浙水,不辞劳瘁,跋涉迢趄僻壤,搜寻支派,条分②配偶、生卒、葬处。延名师全宾堂,偕小儿李义集设局以纂辑。时之监理者名大用,赞理者名有鹏,二君分属父子,均各供职不怠。协理者名承葛、有志,尊祖共襄厥事。余因鸿便,偶过谱局,披阅卷帙,次序井然,不禁喟然叹曰:美哉,斯举!上可不失先代之生卒葬处,下可不紊后世之尊卑次序,远俾星散之宗派仍归一本,近使疏远之源流不分万殊。是则家乘之纂修,不犹夫史之纪事不爽,溯上古如在目前也欤。其大有益于陇西之宗族也多矣。

道光二十二年(1842年)岁在壬寅桂月
松洋国学生李敷芝拜撰

纂辑谱序③

欧阳子曰:"人生不知姓氏所自出,犹之凫雁也;知所自出而无谱乘以纪之,与凫雁亦不甚相远也。"考牛角湾、三娘坑李氏,溯其厥初,访其本源,乃皋陶后。皋陶官太理,以官为氏,原姓理氏。传至殷季,有理利贞者,避纣于楚苦县万乡曲仁里,居李树下,遂改为李,此李之所由昉也。他如李世勋、李嗣源皆系赐姓。

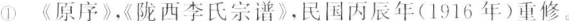

① 《原序》,《陇西李氏宗谱》,民国丙辰年(1916年)重修。
② "条分"原文为"条开"二字。
③ 《纂辑谱序》,《陇西李氏宗谱》,民国丙辰年(1916年)重修。

李之世系,本难稽察,然疑者略之,近者详之,姑勿具论可也,殆汉将军李广后也。广居陇西,凡姓李者,皆以陇西为郡迹。其近祖系来安溪湖头,因其祖逃乱,赘于蓝氏。其后均与蓝、雷为婚姻,遂与蓝、雷伍。其祖生逢明季,迁居福安,转徙处州,复迁平于北港,靡有宁宇。迨我朝定鼎,其二世祖廷玉公移处于鼎邑之二十都三娘坑,历今十有余世。其子姓繁昌,或在鼎之四隅,或在霞,或在平,棋布星罗,无处无之。倘无谱以系之,虽同祖若宗,有不秦越相视者几希。

　　兹朝秀、子迁、子铨、鸣嘉、鸣云诸君,有志纂辑,延某董其事。余也不才,任梨枣之职,仿欧苏之式,遵大书分注之例,联其疏远,分其昭穆,载其生卒,别其嫁娶,坟地祀田,逐一详志,使同归于一气,不贻诮于凫雁。其尊祖敬宗收族之至意,蔼然可亲。于以卜《螽斯》、《麟趾》之庆,正未有艾也。是为序。

时道光二十二年(1842年)岁次横艾摄提格①菊月穀旦

平邑兰松洋莲溪周绍濂敬撰

李氏谱序②

　　盖闻物体本乎天,人本乎祖。人之有祖,犹木之有本,水之有源也。祖有子孙,犹木之分枝,水之分派也。轩辕锡姓以来,支分派衍,谱牒遂兴,欲后世子孙知其所自出也。故谱者,普也,由祖宗、递衍、世代、讳字、生卒、娶葬,及贵显、官爵、封谥,详列于册,以传无穷,而垂不朽,所系诚重也。谱之作也,奉为家珍,敬宗收族于此昭,裕后光前由兹著。若不立谱,后之莫知今,今之莫知先祖也。是谱之不可不作也明甚。

　　壬寅秋,适吾表弟李鸣霞偕侄承光来馆,议及吾母舅附学生印益升同余表弟鸣嘉等,有志先人,董力建谱。兹事告竣,以余母氏出于李,嘱予作序。予观夫李氏系出陇西,柱下霓云,函关紫气,江左青襟,代有名人,史不绝书。然代远年湮,兵燹流离,以致支派莫考,亲疏莫辨。惟无谱者,职是故耳。询其远祖,皆无可考,惟就其所知者为托始焉,则以恒升公为鼻祖。盖相传公出闽之湖头,其子廷玉公业事售布,自福州北岭,忽遭寇戎,流离逃散,幸逢蓝色艳公以女进赘。生景伯公,迁霞邑四

---

① "横艾摄提格"指壬寅年。
② 《李氏谱序》,《陇西李氏宗谱》,民国丙辰年(1916年)重修。

都雁落洋。复逢寇乱,挈振生公而界上半都五亩田头,后徙鼎邑二十都象洋。传至五世元明诸公。六世进德公,择居三娘坑等处,见夫山川明秀,风土沃饶,卜筑于斯,兴家立业,螽斯蕃衍,传十有一世。迄今子姓繁昌,或徙他方,或远或近,济济雍雍,难以枚举。

余谓此谱之作,不特不忘上祖之功德,并列祖之世系,亦可使后世之子孙展卷而条分缕析,称为了然不紊。今日作之,后人继之,虽百世之久,又何虑不足修订而视本支如路人乎①?余乘善意,不愧固陋,而乐为之序云。

并附一律:

  恭羡董成建谱新,奉为巨族大家珍。
  居卿丘冢咸登载,讳字年庚并列陈。
  衍派分支绳陇水,扬名显姓耀宗亲。
  渊源自有群公集,从此承先启后人。

道光壬寅岁(1842年)南吕月穀旦

佳垟兴仁斋钟起珍顿首拜撰

增修谱序②

闻之:《虞书》垂雍睦之训,《周礼》弼彝伦之教。是则谱牒之作,亦后人睦宗族之良规也。我都华洋李姓者,郡亦陇西也,其祖廷玉公进赘蓝色艳公为婿。恪守遗规,历仅排行为事,而稽其宗族世系,茫然罔觉。

是岁壬寅之春,其族承实、大胜、大蒋、大振诸君智识深远,迈族类而超群伦,兴每尊祖敬宗之怀,遽行倡缔谱牒之事,忍饥忍渴,不辞跋山涉岭之劳;受暑受寒,不惮冲风冒雨之苦。奔浙赴闽,溯本寻源,搜列丁甲婚配,备开生卒葬处。延余家君为之纪录。家君念系凤契,命余梓辑。第思始创,非纂修者所可同日而语也。

余嘉乃绩踵事,不揣固陋,邀友全君号窦堂,共襄印刷勒造,全编装演,分给庶几乎。若为嫡,若为庶,朗如星眉,俾阅者开卷了然。是谱告竣,李氏宗族莫不欢欣喜悦,咸讴歌曰:"微诸君之力,其谁与为功?"是以为之序。

---

① 这句原文为"又何虑不足订而本支如路人乎"。
② 《增修谱序》,《陇西李氏宗谱》,民国丙辰年(1916年)重修。

道光二十二年(1842年)岁在壬寅菊月榖旦

兰松洋北山李义集拜撰

重修谱序

……李姓自廷玉公赘婿于蓝氏,递推递衍,迄今支分派别,井井有条。不禁喟然叹曰:美哉!此举也,人生□□,□□不可忘,昭穆不容紊耳。间尝见夫晏安自恣之辈,图饮食而不念本源,纵知家乘宜修而畏难自阻,遂致散逸而莫绪,甚至拔本塞源,裂冠毁冕,门庭起衅,宗族斗争。骨肉也,而行路视之,其流弊可胜言哉!今岳父暨内曾叔祖、内叔祖等洵有见于此,慨然为阖族倡。跋山涉水,奔浙赴闽,不辞劳瘁。推其所自始,联其所已分。稿成授梓,纂刷成编。其血脉之亲疏,尊卑之次序,生娶卒葬之事迹,支派迁徙之源流,按谱以稽,了如指掌。由是而祖宗著,世系详,昭穆分,子孙序,继继绳绳,于斯勿替,岂不懿哉!余是以欣然援笔而为之序。①

光绪六年(1880年)岁在庚辰孟冬月榖旦

门下婿邑庠生钟庆英顿首

修谱自叙②

原夫根深者叶必茂,源远者流自长。子孙之蕃衍,祖宗之德泽基之。苟无家乘可稽,将何以示厥后哉?

粤稽鼻祖廷玉公由闽来,兹成村落,其间箕裘递衍,支庶殷繁,有散居金岙、五亩、水碓坑、乌溪,以及鼎邑、霞邑、泰邑、瑞安等处者,地虽疏逖,皆一本相延,非异派得而混焉。虽旧简尚存,亦既有条不紊,而迩来生齿多矣,徙居异矣。倘不再修斯谱,窃恐卑逾尊,疏逾戚。迟之又久,则同祖之亲,鲜不视如途人矣。他如三娘坑与九界洋二派,前谱虽□经合辑,而考其行第,符节不分,莫非闽中一派所从出?则今日通谱之谋又急也。为是商诸族党、邀同弟侄,共董此事。遂踊跃趣装,身亲各地,面录世纪,一一誊写。

阅数月而备详其概,始延先生梓辑,举凡大纲小纪,俱历历可考,俾

---

① 《陇西李氏宗谱》,民国丙辰年(1916年)重修。族谱破损,未见该篇标题及前文。
② 《修谱自叙》,《陇西李氏宗谱》,民国丙辰年(1916年)重修。

后之览是谱者,咸知序长幼,辨亲疏,上祀祖考而尽尊尊之念,下合族属而笃亲亲之思。和气翔洽,咸乐恬熙于盛世。是则余等所厚幸也夫。

首事裔孙　大汀大谢有湖　大宽大意学雀　同谨志
　　　　　　大铿大音学政

四次新修谱序①

万物本乎天,人本乎祖。人之有祖,犹水之有源,木之有本也。自世系不明,昭穆失序,亲亲之道几乎息矣。仁人孝子,能无兴水源木本之思乎?我李氏上世鼻祖遥遥世胄,稽考未详,毋庸赘述。

惟就始祖廷玉公,系恒升公之子也。原籍福建安溪湖头人氏,时因寇乱,奔逃福州汤岭,寄寓蓝公色艳家中。公观其品行端方,招为女婿。传至十三郎公,迁居霞邑四都雁落洋大丘田,再徙鼎邑白岩而居焉。厥后迁移平邑、泰邑、瑞邑等处。我祖显达公迁牛角湾之始祖,与三娘坑及庵基大田下,同其枝叶焉,迄今三百余年矣。先是道光壬寅年(1842年)李敷芝先生修之,光绪庚辰年(1880年)延陈懋修先生复修之,民国丙辰年(1916年)延余亚父绎如续修之,前后数十年而三次修辑,世系源流,井井有条,固无庸缕覆。

己岁②,族叔有臭、有囝、长楼、学标、学砂、景新、先作、先昌叔任等均以宗谱当修。遂踊跃从事,相与有成,是诚仁人孝子之心也。不辞足力,赴浙奔闽,书明年月以便延余载翻旧简,敬梓新编。联继继之云礽,雁行有定;著班班之玉笋,鳞次无混。式仿欧苏编联庚甲,凡十有五世,脉络相绳,如水之有源,木之有本也。今而后,穷源溯本,将见上而使祖德宗功于不坠,下而使子孙昭穆以分明。《诗》云:"无念尔祖,聿修厥德。"维冀后之君子奕世缵承,勿替引之,是亦弭笔者之所厚望也。若夫采访有所未详,修辑有所未备,则以俟诸后来之君子焉。

时在中华民国三十二年(1943年)岁次癸未春王月穀旦

十二世孙德甫、崧盥手谨识

---

① 《四次新修谱序》,《陇西李氏宗谱》,民国丙子年(1936年)重修。
② 原文如此,可能指己卯年,即1939年。

新修谱序①

家之有谱,犹国之有史也。夫史之谓用,载治乱兴衰,纪忠臣孝子,笔则笔之而褒自褒之,使千百世之后表而出之。盖夫谱者,纪出生死亡,婚姻丧葬,敦叙九族,计无逾斯旨。所以后人隆重之以谱也。

我远祖廷玉公馆甥蓝姓,恒升公则其父,用汉转苗,肇始于此。始祖显达公明季自福罹乱流落来平,始迁北港继南港,文献无征,无著可考。其后世居华洋牛角湾,则以为大华洋李氏也。世代递迁,居诸迭异,派衍椒蕃,支分干接,零星散处泰顺、福鼎、霞浦、瑞平交界,血统相承,历十有余世,经三百余年,不曾视亲亲如同秦越者,赖斯谱也。

道光壬午,承实公等纂辑于始。光绪庚辰,大汀公等倡修于再。民国丙辰,学足公等从而三修。其时台年十八,立雪于璇玑宗先生之门,先生为之校对,台亦相与襄理。民国丙子年来,台与族兄学标、学砂,侄景新、先昌等佥拟再修。时因匪氛骚扰,继以倭寇侵陵,干戈未靖,力与心违。辛巳,台参加干部训练,蒙县府录用,任委魁里乡事务员,因公羁绊,修谱之事遂寝。壬午八月,兄侄等步尘踵修,不辞劳苦,积极幡然而赴泰顺、福鼎各处开丁编甲,聘请族兄德甫先生付诸梨枣。转瞬谱牒告成,邀余作序。台不揣孤陋,略述事之翔实,钝以粗备之辞,弁诸谱首,庶几后人概见,知尊祖敬宗、敦亲睦族之谊,端赖斯谱之当修也。是为序。

时在中华民国三十二年(1943年)癸未春月

十二世孙台盥手谨识

第九次增修宗谱序②

族属疏远其始,则兄弟也。兄弟之初,则一人之身也。盖天下同姓之族,沿流溯源,其始实出于一。我李氏之先,出自轩辕公,诞生吾族,继皋陶任尧帝理官,以官职为姓。利贞公改理为李,伯阳公道德传经。渊公开唐帝业,建都长安。伯纪公在宋为相。火德公入闽始祖,一二〇六年至一二九二年开基稔田丰朗,千百年来一脉相承,根深叶茂,裔孙

---

① 《新修谱序》,《陇西李氏宗谱》,民国丙子年(1936年)重修。
② 《第九次增修宗谱序》(节选),《陇西郡李氏宗谱》,公元2006年修。

蕃衍闽、浙、粤、赣、桂、湘、蜀、台等地,以及东南亚、欧美各国,枝繁叶茂,源远流长。稽其世远年湮,谱牒不无缺略,支分派远,真伪难以稽查。故古之世族莫不有谱,以传于后,所慕重矣。于是一九九二年至二○○六年,计一十余载,我族由圣珠、圣祝、先旦于同鼎邑宗祠忠端、荣铭组成,寻宗追祖,三次赴闽安溪、湖头等地。幸遇纪念李光地三百五十周年,一九九二年在安溪湖头举行,同时会过李步展先生,经李吉先生考证,带回一份吾祖世系之图识矣。

今岁丙戌,纂修宗谱并建宗祠的轩廊,系由裔孙李圣祝组成李先鉴、先旦、圣宝、才志、引先,同圣坦、圣回、圣珠等名谓采编组,跋山涉水,奔浙赴闽,不辞劳瘵,各处编录丁甲,查漏补缺。经查,天房支派康熙年间迁徙玉环陈屿,有三百余丁。于二○○二年三月由李仁孝、李定友等六人组成,寻祖追宗,来到我地核对毫无谬误,随编入天房下恩房系。

今秋八月,由圣祝、圣珠、圣强、圣坦、圣林、圣标、圣荫、志引、志振,施略部署,预算每丁壹拾伍圆。并提倡凡有①思念祖德,慷慨解囊百圆以上者树碑流传。是岁麦秋,生魄之日,召开二省六县裔孙代表研讨事后,闪现②闻风而起,随聘明师先旅③,择地鹅峰垂龙吉穴,坐辰向戌兼乙辛。祠地通过先起、先主、圣荫、圣契、志引、志新、志岁等协商采纳现金补偿,随征收讫,一概清楚递交圣祝入账为凭,不日全力以赴。邻舍裔孙辛勤辟地,在夏日烈焰腾腾,汗流浃背,不辞劳苦,不遗余力,义务劳动,出勤计一千一百余日。同时组织人员越山涉水,奔赴闽浙,舍己为祖,不计报酬,不辞劳瘵,敢冒暴风骤雨,不畏赤日炎炎,步行山野崎岖,跨达村庄,筹回资金,敦延木匠圣数,泥水先彪,日追夜赶。是年十月廿八卯时,祖庙落成,万象更新。翌年元月十六,隆重举行首次进祖仪式,参加一千五百余人,有异庙同宗声援④,南宋北岙、东社、金乡苏李、郭家、车九堡、张家腰、云亭坝头、坝仔、岭前、思居洋、李家山、南岙,随赠礼品题匾作为留念。事终成矣,不忘祖恩祖德,美奂宏伟,亦弗负

---

① 原文为"况有"二字。
② 原文"闪现"二字不通,疑为"三县"。
③ "先旅"二字不通,但原文如此。
④ 原文为"俺有异庙同宗声援",语义不通,删去"俺"字。

子孙辛勤创业,是谓孝子不匱,永垂后裔。

并附一联:
　　鹅峰垂龙蟠踞地,
　　将山照耀旋马堂。
公元一九九二年壬申葭月
华洋李氏裔孙圣珠谨志

三、宗族建设

(一)宗祠修建

祠堂记①

　　尝思古者,天子七庙,诸侯五庙,大夫三庙,士一庙,庶人则祭于寝,所以昭孝通神也。三代而下,□□繁兴,礼乐亦因之寖失。沿至五季,兵戈扰乱,益以不振。有宋程朱挺生,始讲究宗法之礼,士大夫能以宗法训其家人,置祠立庙,累世同居,蔚然可称为义门者,往往而有甚矣。风□之因革兴衰,岂不以人哉。

　　余训导之贡生也,所居东山之牛角,同治年间尝建宗祠数楹,翼以轩庑,缭以堵墙,为春秋享祀之所。自经始至于落成,皆其先世诸翁兴族之耆老躬司其事,可谓知其所务矣。及今圮坏,诸君佥议改移异处,另择□□□。诸翁叔祖承魏大华、大宋、大协、有豁、有蜜,兄任学梅、学足、绍炮、绍珍诸君众等,仍其重建,合族欢欣,子来父事,见义必为。

　　适因家乘告成,遣伻贻思作记,于余既嘉诸君之乐善好义,而能□□代诸公之意,不忍其湮没不彰也。虽荒且落,何敢不以文辞。忆□□,宗庙落成,谱书工竣,济事完成也。兹因甲□□□秋之合,祠宇重新,甲图再辑,惟我族叔祖□□□粗□堪舆,细审形势。观其祠后鹅鬐冠顶,祠前蜈蚣鸣珠,左有玄武戏龟,右有青龙赶蛤。两山对峙,王□诰封,秀水护缠,将军捍口,水流尽处又有宽潭半亩,号曰百子潭,澄澈晶

---

① 《祠堂记》,《陇西李氏宗谱》,民国丙辰年(1916年)重修。

莹,发光可鉴。秀峰耸起,文笔堪夸,环祠而居者亦俍幸我李氏宗祖爰得其所也。惟愿奕代□□□□,累世簪缨,亦知吾族之蕃昌。孙枝克盛世,□□朽粟陈,经营华夏,广置沃田,为事祠庙之制,蒸尝之礼。盖有不知其所以然者,以视我诸君尊祖敬宗。既述其事,犹想继其志,相去久远之不□□□是记序可云乎哉。

民国丙辰年(1916年)仲夏蒲月上浣榖旦

十二世孙贡生璿玑顿首拜撰

华洋李氏新建祠堂记①

壬申履端翌日,吾氏裔孙学金从福鼎市府莅临本宗祠堂,举头察望,叹矣。上栋腐朽,下宇漏滴,苔痕阶绿,若非重整,顷有坍塌之虞。递推祖庙,建有二百余载,徙迁三次,首建龙井垵,次迁面前田岗下,终徙民国庚辰东山下。虽经移动,只能依然如故,设思兴修。第恐弹丸之地,庙宇矮缩,万物溃烂,加之前后左右住房高耸,古坟受遮,竹茂纵横,水路被塞。稽建之岁月,房昔堂今,让舍,难得尽善,倘不营新,实为令人难堪。就此,是夜召集邻舍裔孙商议,众诚学金崇论宏议,容纳群策、群力,组成建祠筹备理事会。总理事圣珠,副理事先鉴、圣祝,委员学金、绍发、先旦、先旅、先起、先纯、先秋、先笔、先砂、圣镇、圣强、圣坦、圣林、圣标、圣荫、志引、志振,施略部署,预算每丁壹十伍圆,并提倡况有思念祖德慷慨解囊百圆以上者树碑流传。

是岁麦秋,生魄之日,召开二省六县裔孙代表研讨。事后闪现,闻风而起,随聘明师先旅,择地鹅峰垂龙吉穴,坐辰向戌兼乙辛。祠地通过先起、先主、圣荫、圣契、志引、志新、志岁等,协商采纳现金补偿,随征收讫,一概清楚,递交圣祝入账为凭,不日全力以赴。邻舍裔孙辛勤辟地,在夏日烈焰腾腾,汗流浃背,不辞劳苦,不遗余力,义务劳动,出勤计一千一百余日。同时组织人员越山涉岭,奔浙赴闽,舍己为祖,不计报酬。不辞劳瘁,敢冒暴风骤雨,不畏赤日炎炎,步行山野崎岖,跨达村庄,筹回资金,敦延木匠圣数,泥水先彪,日追夜赶。

是年十月廿八日卯时,祖庙落成,万象更新。翌年元月十六,隆重

① 《华洋李氏新建祠堂记》,《陇西李氏宗谱》,1996年修。

举行首次进祖仪式,参加一千五百余人,有异庙同宗①声援,南宋、北峚、东社、金乡、苏李、郭家、车九堡、张家腰、云亭坝头、坝仔岭前、思居洋、李家山、南峚,随赠礼品题匾作为留念。事终成矣,不忘祖恩祖德,美奂宏伟,亦弗负子孙辛勤创业,是谓孝子不匮,永垂后裔。

并附一联:
  鹅峰垂龙蟠踞地,
  将山照耀旋马堂。
公元一九九二年壬申葭月
华洋李氏裔孙圣珠谨志

(二)族规家训

李氏家训十则②

  一孝父母。人子之身,本乎父母。未离怀抱,三年劳苦。恩斯勤斯,从恃惟怙。孝道有亏,百行难补。羔羊跪乳,乌鸟反哺。勉尔后生,忤逆何取。

  二和兄弟。孔怀兄弟,一本所生。手足至谊,羽翼深情。兄当爱弟,弟宜恭兄。埙篪并奏,和乐有声。姜家被广,田氏荆荣。勉尔后生,小忿无争。

  三别夫妇。男女居室,人之大伦。附远厚别,礼经所申。男女有别,父子相亲。无别无义,禽兽为邻。举案齐眉,相敬如宾。勉尔后生,倡随有真。

  四序长幼。乡党长幼,义在和平。年长以倍,父事非轻。十年以长,兄事有情。饮食须让,言语必诚。坐立居下,步履徐行。勉尔后生,勿涉骄盈。

  五睦宗族。譬诸水木,宗族宜敦。千枝万派,同本一源。何远何近,谁卑谁尊。相亲相睦,推德推恩。公艺九世,江州义门。勉尔后生,古风可存。

  六严内外。凡为室宫,内外必辨。男不内入,女不外践。深宫固

---

① 原文为"俺有异庙同宗",语义不通,删去"俺"字。
② 《李氏家训十则》,《陇西郡李氏宗谱》,2006年修。

门,严肃非浅。授受不亲,乞假胥免。敬姜守礼,逾阈绝鲜。勉尔后生,避嫌为善。

七训子孙。子率不谨,父教不先。放僻邪侈,起于英年。严禁非为,子孙乃贤。诗书执礼,孝悌力田。少成天性,习惯自然。勉尔后生,勿稍忽焉。

八勤职业。天生四民,业各有常。士谋道艺,望农收藏。作为在工,贸易惟商。心安固守,力勤精详。立身有本,用世纯良。勉尔后生,无怠无懒。

九明义利。天地之间,物各有主。非吾所有,一毫莫取。见得思义,圣贤训诂。盗跖贪污,伯夷清苦。浊富一时,廉名千古。勉尔后生,净掏肺腑。

十慎官守。幸登仕籍,须警官箴。清慎与勤,三字思沉。勤谨和缓,四字意深。正君在身,泽民在心。孟尝还珠,杨震却金。勉尔后生,贪墨谁钦?

(三)颁定行第

行第小引①

盖闻宗无谱则支派难稽,字无行则世次罔觉。历之久远,宗族之称谓混矣,定而为行,虽地之相去千有余里,世之相后千有余岁,而一叩其行字,尊卑了如指掌。《书》曰:"若网在纲,有条不紊。"其是之谓欤。

旧定名行:显　景　振　元　国　士　子　鸣　承　大　有
新颁名行:学绍先圣　志步青云　祖上诒泽　允启斯文
本祠行第:大有学绍先　圣志步青云
大宗行第:紫象喜呈祥　绵涵辰派雄
新颁行第一百世,自旧行四十六世起,以序陈列命名:

　　紫象喜呈祥　绵涵辰派雄
　　从容舒育化　居聚似晖嵩
　　介让谦聪备　生命经纬驰

① 《陇西李氏宗谱》,1996年修。

垂海关勋恩　璧城连拥佩
东旭迎黎群　暖生希植艺
丰年祝贺同　宝胜欣望举
资雅博芸芹　越超均勇谋
基吾实佐栋　杰豪多环通
伦行序恭端　众瑜珍集旋
麟麒旺榜高　赐储彰修重

佳阳《钟氏宗谱》中的地方社会文化

禄佳妮

太姥山地区钟氏的宗谱肇修于清早期,清以降,这些族谱不时得到增修和重修。

钟氏族人编撰族谱、修建祠堂,追溯祖先历史,强化认同,凝聚族群力量。他们制定家法、家训,管理族内民众,让族人别昭穆辈分,明亲疏远近,从而维护地方社会秩序、伦理道德;他们辑录诗文传赞,歌咏祖先功德,垂训后人。族谱有时还记录祖居地的山川形制、政治变迁,让我们能够一窥当时的历史风貌。

这些族谱的编撰曾对地方文化和乡土社会产生过深远的影响。并且还从一个侧面真实地记录和反映了当时的社会经济和历史状况,具有较高的史料价值。现辑录部分文献资料如下。

一、族谱与地方历史构造

太姥山地区畲族人钟氏对自己的源流历史有两种说法:

一种说法是,福建福鼎佳阳的畲族钟氏一脉,自认是盘瓠传说中盘瓠王女婿钟志深之后,与畲族盘、蓝、雷、李等姓有着较深的渊源关系。

另一种说法则是,春秋战国时,晋国大夫伯宗之子伯州犁由晋奔楚,被楚共王任为太宰,食邑钟离(今安徽凤阳东北),其子孙以邑为氏(姓钟离)。

钟离后分为两姓,一支仍为复姓钟离,一支为单姓钟。战国末期,楚霸王手下的一员大将钟离昧,遭汉王刘邦暗算自杀。其长子钟离发居安徽寿县一带,次子钟离接为了避祸,便远徙他乡,迁居颍川长社(今河南长葛),并且改姓为钟,成为颍川长社钟氏的得姓始祖。

从族谱记载的时间上,早期的钟氏族谱记录的祖先来源与广泛流传于长江以南各少数民族民间传说的盘瓠传说有关,而晚近一些的族谱开始出现汉文文献上记载的"钟离"一说。这反映出了钟姓畲族人逐渐受汉文化影响的脉络线索。

(一)钟氏源流

广东盘瓠氏铭志

帝喾高辛皇帝刘皇后,夜在凤阁中饮宴,移席望月对饮,忽觉瑶光贯娄其宿,朗光芒璨身,耳感疾痛。宣医挑取,物大如茧,以瓠盛之,以盘覆之。须臾,象如龙身,长一丈二尺,一百二十四点花文。牙似剑,龙鳞火珠,因盘贮覆,遂名曰盘瓠。刘皇后以为不祥,抛弃于外。适殿内保驾将军王守道觉见之,考其原因,乃刘皇后感受,入朝一面奏,帝闻奏,惊曰:感瑶光星辰投□□□□随驾三载,恩□之。唯恐致殃,无贰尔心,勿□□□□醉,被盘瓠□□□七日,化一男子,容貌伟俊。

□□□□□□燕寇作乱,结集勇猛流党吴将□□□□□□□□高辛为帝,国富兵强,吾主心腹之患,燕王闻说起兵侵界,文武群臣忙奏,燕寇侵国,人民遭害。帝览奏大惊,勒榜张挂,访募天下英雄烈士,有人能收伏燕寇者,不惜封爵,招为驸马。盘瓠闻知,直出午门揭榜,随守军进殿启奏,臣能收除燕寇。帝见奏喜曰:"卿何人氏?"群臣奏曰:"刘后感星辰降化之子,号曰盘瓠也。"帝曰:"汝年尚幼,能为朕分忧乎?"对曰:"能。"帝喜曰:"汝往收燕,领带将军多寡?"对曰:"不用军马,独身往敌。"时遂封龙麒大将军,有功回朝,重封爵职,赐三公主为婚,朕不食言。盘瓠谢恩退朝,奉旨出征,踏罡步斗,驾起云雾,飞腾过海,直至燕王殿前。燕王一见此人面貌非常,动问:"汝何国奸细盗,敢前进?"喝令推斩。盘瓠容色不变,对曰:"非也,吾乃瑶山真人徒也,奉师父严命,知吾主有霸国强兵之福,特来相助一臂之力。"燕王闻说大悦,收留安所,会集群臣设宴庆贺,喜曰:"孤得此异人,殆天赐寡人,中国定归□(吾)邦。"

盘瓠随驾三载,恩宠无比,日与盘瓠饮酒同乐。□(燕)王□(大)醉,被盘瓠拔剑弑毙,并斩吴将军首级,飞奔(出)□城,渡江过海。蒙诸水神护送,顷刻,波浪频兴,云雾笼罩,番兵追赶不及,奔回本国。群臣启奏:龙麒将军斩燕寇首级得功回朝。帝大喜,宣龙麒将军上殿。慰劳毕,爵封盘护忠勇王,遂与公主缔亲,盘护谢恩。自此四海又安,万民乐业,文武公卿无不欢悦。在朝袭职五载,公主请奏:"蒙父王赐配,与驸马忠勇王食采何州?荣封何地?望父皇命赐。"帝见召文武公卿会议,王侯都左殿张敬春、护国将军薛余庆奏道:"广东潮州府,土地美广,驸马有大功,勋望乞封赐。"帝准奏,差点军马三千,并差文武官员邓从成等解运国家钱粮往广东潮州,督造王府。经邓从成回朝复命。帝问众卿:"谁保护驸马往广东?"崇都御史范智、刑部尚书冯启应、正殿朝奉郎韦钦玉等议奏,礼部尚书夏英懋、刑部尚书熊普瑞、左殿承信郎萧国扬、右殿修撰魏庆等愿保护送。帝兑潮州三千七百户口免纳粮税,免派差徭,并敕御书券牒宝印,御书云:"俾尔子孙世代相承,切莫为非,刑及身家。愿尔后裔俱一体相关,毋得视为涂人。准依皇敕,子子孙孙永谨保守券牒,汝往钦哉。"

驸马与公主至潮州一十八载,生三男一女,容貌端庄,未锡姓氏,择取婚配。崇端殿学士彭光照、大学士范荣奏请皇旨赐姓赐名,帝命赐忠勇王长子姓盘名自能,封南阳郡武骑侯,吏部尚书张敬春之女为婚,封一品夫人;次子姓蓝名光辉,封汝南郡护国侯,户部尚书廖尚惠之女为婚,封一品夫人;三子姓雷名巨佑,封雷州冯翊郡立国侯,刑部左侍郎葛尚辉之女为婚,封一品夫人。一女赐名淑玉,赘钟志深为婿,封颍川郡敌国勇侯,官赐三品。赐各位夫人头戴洁白珍珠,身穿百绷罗裙,紫袍玉带,凤冠霞帔,荣身爵封。忠勇王公主,金精银青夫人,赐姓萧氏,食邑十户侯,封一品大人。

天定十二年六月二十七日,因游田猎,不料命值凶星,追逐猛兽,跳过大岩,被树尖伤毙。家人寻访不见,幸闻鸦鸟齐集喧闹,遂往寻之,尸骸坠在高崖,求之不得。公主悲哀,具奏圣上,帝闻奏,长嗟叹曰:"奈何天其终丧。"命户部尚书梁志晖主理丧事,禁止歌唱,金鼓乐器不许喧哗,及三年以后方可。令其骸骨送葬潮州会稽凤凰山七宝洞石孔中西南隅。子孙世代享祀,加封萧氏公主食邑三千户。薨葬祈州府石羊县,赠以石人、石马、石狮、石虎。乾元二年,开造广东石室,地名与南京一脉相连,至沉香浦水为界,东至珊瑚州船艄,南至南田洞,西至会稽山埔源,北至埔窨密三洞。原是玄班师七贤洞界址,奉旨勒禁,但有军民人等，不得侵僭，如有违旨令者，许其子孙捉拿到官，依条究办等词。

开宝十三年七月二十日，敕修忠勇王祠。

开皇五年，命雷荣等征讨武陵有功，重给券牒，加敕历代世祖。荣封列左(下)：

敕封盘护忠勇王。

钟氏派下。

受姓始祖志深公封敌国勇侯。

汉光武时，清公在朝左丞相，兴公授太子内阁学士，皓公官至太保；

章帝时，高公同州刺史；

元初时，应齐公国使丞相；

顺帝时，吕公任镇威将军；

安帝时，常公任朝散大夫，闻公任长沙都司使；

孝武时，豪公黄门侍郎；

桓帝时，明公在京兵司马；

唐朝，永公国子博士；

孝武时，元进公朝给事中；

绍宗时，敬公谏议大夫；

明王时，绍公官封平越国公，期公官封学士；

后晋高祖，留公为北关将军；

后周时，得公为东刺舍人；

宋太宗时，福公为州广县；

仁宗时，凤公为温州刺史。

大清时，正公任霞浦训导，标锦公丙戌科进士，骏声公状元及第，佩贤公进士及第，观豫公平阳县训导，宝三公任长沙府福宁镇，紫云公福建提督军务，国泰公江宁都阃府，大焜公殿试传胪，大荣公进士及第，大椿公进士及第。奉旨封，俾子孙享祀千秋。

御偈云：

念尔祖宗德泽深，名垂万古受封荣。

原为前朝除匪寇，莫将券牒视非真。

享镇名山多乐趣，何烦鸟语动幽情。

自从敕赐恩膏厚，世代相承及古今。

御赐联诗：

功建前朝帝誉高辛亲赐姓,

名垂后裔皇子王孙免差徭。

大隋开皇五年五月十五日给

唐光启二年,盘蓝雷钟李有三百六十余丁口从闽王王审知,为乡导官,由海来闽,至连江马鼻道登岸时,徙罗源大坝头居焉。盘王碧一船被风漂流,不知去向,故盘姓于今无传。后晋出帝开运元年,朱文进弑王延义而自立,雷震与等杀朱文进。开运二年,劝延义弟延政降唐有功,钦赐匾额"保国安邦"。洪武十三年,移居福宁并浙江温州、处州等处。凡我蓝雷钟姓者,均一脉相传。恐世远年湮,不知祖宗之来历,谨将御书券牒志纪镌刊部本,令侄德清传递部本,赴各处分存,俾我族人,按籍观览,以不忘其祖耳。

时大清乾隆五十二年(1787年)岁在丁未桂月榖旦

钦命礼部左侍郎浙江督学部院雷鋐谨志①

颍川郡钟氏源流序

尝考商殷微子启之后封宋,及宋桓公御说之曾孙伯宗仕晋,生黎。黎仕楚,食采钟离,因氏焉。其后子孙居于颍川。

先王受命开九州,通九道,而四隩可居,封颍川为郡焉。黎之仍孙发彰,琴书自乐,隐居不仕,齐景公知其贤,游于海上,以币聘之,避居嵩山。发彰生期,期生仰贞,仰贞生守恭,守恭生启宗,启宗生望禧,望禧生勉昌,勉昌生思先,思先生广,广生大积,大积生盈慎,盈慎生咸孚,咸孚生光,光生季明。(明)公讳皓,少以笃行称,避隐密山,与陈寔、荀淑、韩韶为颍川四长。东汉桓帝朝,为林虑长,诸儒颂曰:"林虑懿德,非礼不处。悦此诗书,弹琴乐古。五就州招,九膺台辅。逡巡主命,卒岁容与。"季明生敬躬,敬躬生拱玄,拱玄生元常与彦胄。元常公讳繇,善书,用笔若飞鸿戏海,舞鹤游天,三国封武亭侯。彦胄公讳雅,晋朝为侍中,苏峻既至石头城,百僚奔散,惟公独在帝侧,或谓公曰:"见可而进,知难而退,古之道也。何不用随时之宜,坐待其毙耶!"公曰:"国乱不能匡,君危不能济,而各逊遁以求免,吾恐董狐将执简而进矣。"公之临难不苟

① 《颍川郡钟氏宗谱》,共和癸酉年(1993年)修。

如此。派下子孙其后分居天台。

元常生会与毓。会公亦善书，魏末为镇西将军，死于兵。吾祖毓公沉默寡言，好读书，累官刺史，历都督徐州、荆州。毓生克复，克复生元英，元英生定德，定德生孺文。孺文公讳瑗，勤俭朴，富冠一乡，置义田百亩，以恤族人无力婚葬者。孺文生达恩，达恩生安道，安道生应彪，应彪生源仲，源仲生可大。（可大）公讳绍京，性至孝，童稚时，尝得瓜果，不敢先食，以奉二亲，工于诗，唐玄宗累迁中书令。可大生文华，文华生一鸿，一鸿生性宝，性宝生朝玑，朝玑生紫秀，紫秀生警愈，警愈生百年。（百年）公讳老悦，家贫，好学，日耕夜读，有文学风，又有武艺，力举千斤，淡于名利，进退有礼，后周世宗累迁骠骑大将军。百年生季若，季若生之泽，之泽生庶明，庶明生君鼎，君鼎生仪正。公讳端，积善好施，乡人称为钟善公，宋高宗封为迪功郎。仪正生康生，康生生亮伦，亮伦生仁欢，仁欢生思起，思起生善甫。（善甫）公旧名禅，讳元龙，宋宝祐二年，夏水漂田，秋霜损稼，闾里告缺，公发仓廪减价以赈之，所活者甚众。

善甫生茂才，茂才生孔后，孔后生圣与、圣受二公。与公派分湘潭。受公生奋义，奋义生立德、立极二公。极公从戎在外。德公生六子，长金舍，次银舍，三财舍，四宝舍，五珠舍，六玉舍。惟金舍、银舍二公，克振家声。金舍公大元天历元年举进士及第，累至成义郎。银舍公丰姿伟秀，骁勇有谋，以功累官团练使，擢振武参军。财舍、宝舍二公，受兄之福荫。惜乎珠舍公，颖悟过人，胡为而夭不寿。玉舍公质朴以守家风。极公生吾……①

钟氏得姓简述

钟氏早在黄帝之后，纣王之时，就有其姓氏。经十五位国君之后，春秋战国时，晋国有伯宗为晋国大夫，被誉为"晋之贤者"。晋厉公在位时，伯宗因忠言直禀，被奸臣所害。此后，其子伯州犁由晋奔楚，被楚共王任为太宰，食邑钟离（今安徽凤阳东北）。其子孙以邑为氏，分为两姓，一支为复姓钟离，一支为单姓钟。

长久以来，为国人所熟悉的复姓"钟离"与单姓"钟"，实际上是血缘

---

① 《颍川郡钟氏宗谱》，共和癸酉年（1993年）修。

相通的一家人。战国末期,钟离昧是楚霸王手下的一员大将,后遭汉王刘邦暗算自杀。钟离昧生有二子,长子钟离发居安徽寿县一带,次子钟离接为了避祸,便远徙他乡,迁居颍川长社(今河南长葛),并且改姓为钟,成为颍川长社钟氏的得姓始祖。三国以后,钟接后裔钟繇,一直保持着祖上世代贵显,再加后裔子孙的努力,声望巨大,影响泽及久远,子孙荣繁宏发,号称颍川名门。

丹桥的钟氏家族在清同治五年(1866年),因前谱序不详,已无从稽考。现拥有总人口六千多人,其分布在闽浙两省八县市内以及北京等地。近年来,后裔人才辈出,巨官显宦,代不乏人,真可谓"长江后浪推前浪,一代旧人换新人"。

公元二〇〇五年岁次乙酉蒲月

十三世孙敦田谨识①

便考来历

振宝公妣林氏,生卒俱逸。闻之前辈,竞传吾祖良贤公,曾与父同自闽迁平者,第名无可考,皆将信将疑。兹合族再修谱牒,爰议入庙问神。据云:良贤公振宝,隶籍闽省泉州永春县十八都上半村龙头山水尾,因明季间寇荡之余,与其弟振宗,自闽之平卅五都象源内居焉。厥后创业垂统,生子良贤云云。窃思年湮代远,果否未知,况旧谱不载其名,遗老难传其实,苟正镇振宝公,恐以他人为祖。若不列振宝公,尤恐以祖为他人,兹不敢宗之,亦不敢弃之。故列振宝公于前一行,以致虚实难证焉。公妣葬本都长岭脚右边安着,坐甲庚兼寅申三分。②

(二)徙居繁衍

钟氏族谱记载:"钟氏自广东凤凰山移居福建罗源,再由罗源转居福鼎后溪。"这些记载对研究畲族人的迁移路线具有重要的史料价值。

增修宗谱序

物本乎天,人本乎祖,水木之思,人皆有之。《书》曰:奉先思孝,敦

---

① 陈先奖梓辑:《颍川郡钟氏宗谱》,2005年修。
② 《颍川郡钟氏宗谱》,共和癸酉年(1993年)修。

叙九族。故亲亲之恩，以三为五，以五为九。而世代绵延，乃欲因流溯源，要不外于家谱之所纪。

我鼻祖□高辛之朝，盘瓠王宫女招为驸马。厥后嗣续递传，讳百户公配□氏，生子三，长振宗，次振贤，三振辉，自凤凰山移居罗源，由罗源转居福鼎后溪而居焉。振宗公配□氏，生子一，讳成完。成完公生子四，长圣义，次圣登，移居青田培头，三圣蕭，四圣敝。而圣义公生子三，长君进公迁凤池溪边，次君净公迁后溪半山，三君云公迁福鼎二都臣坪。圣蕭公生子二，长君左公派分凤岙转居孔岚，次君右公派分桐山花亭及赤溪坪。圣敝公生子二，长君朱公住闹村马湾瑞邑马宗，分居福鼎店下员墩。次君发公居鹿陶并四都湖坪隔及瑞邑小岭。而振贤公生子一，讳成乾。成乾公生子四，长圣铨，次圣盛，三圣山，四圣绵。圣铨公生男四，长君远公移居网坑，次君罗公居莒溪高垄口及霞浦五都肆，三君道公分白琳前，四君契公徙凤村黄坛口及乌石门。圣盛公生子四，长君华公迁居凤岭徐家宅并上埕兴泰顺古铜坑；次君卯公移泰顺一都南坑洋；三君辉公派衍梅溪大湾头及后港溪柄岭，文曾公迁居凤洋东岗，启公移居王西宅；四君平公居柯节岭头鹏坑龙潭面霞浦深羉（岙）。圣山公生子二，长君康公迁朱山移松树垟堂垟单斗，次君经公居芳草坪。圣绵公生男二，长君前公居塘底麻坑底，次君后公徙巨垟及顶家山并于后宫。振辉公住居福鼎桥亭及王海，支分派衍，洎今十七世矣，虽未敢自谓巨族，而谱牒不可以不修。甲戌春，王叔兄弟侄辈，有志敦宗睦族之举，特请同里父子二先生，一号时雨、一号如川，来家叙明支图世系。阅两载而始观厥成，内详一姓之世系，外联合族之姻戚。展卷之下，朗若列眉，而所以奉先思孝，敦叙九族者，正因是而益笃焉耳。

时光绪元年（1875年）岁次乙亥季春月穀旦

十世孙子敬、侄建旺、侄孙大吉同谨识①

（三）修谱缘起

《钟氏族谱》的序，有的是族中耆老修撰，有的是延请汉族先生珥笔。这些谱序的内容大多讲述修谱的缘起以及重要性，指出修谱能使族人"昭穆有

---

① 《颍川郡钟氏宗谱》，共和癸酉年（1993年）修。

序",不至于将一家血脉被视为"途人",有利于敬宗法祖,条分缕析。并且严厉地指出"三世不修谱,等同不孝",期望后世之孙不断续修家谱。

序

大纲立而小纪有由陈,一本敦而九族无不叙。盖清其源,以见其流之远也。然非谱以识之,上无以光前人,下无以裕继世。基业创先代,几泯而弗彰;统绪垂后昆,亦恢而难广。孰若修谱牒明世系,迄乎数十传而昭昭焉!龙门子曰:"三世不修谱,罪等不孝。"倘至年湮代远,罪又当何如乎?

兹我宗叔学晋、学旋等,慨念我钟家之谱,昔经互订,支图虽已不淆,而闻有或遗,名氏尚多未列。爰鸠众志,共矢一诚,不惮河山之修阻,重寻瓜瓞之绵延,汇集连枝,同登宗谱,庶无弗举,庶修而益明欤!乃邀政三、远书二位夫子,素谱事专,宗欧苏之体,藉以纂辑成编。从此继继绳绳,一稽诸谱而易见;亲亲长长,亦合同姓而皆知。明昭穆之伦,序尊卑之等,传家至宝,孰有过于斯也哉!

宗末祥如瑞麒顿首拜撰①

序

盖闻木有本,水有源。轩辕锡姓以来,支分派别,谱牒遂兴,无非欲后世子孙而有以知其根本也。故谱者,普也。由宗祖递衍世代,讳字、生卒、娶葬及贵显、官爵、封谥,详列于册,以传无穷而垂不朽,所系诚匪轻也。

我祖志深公肇自高辛,及东汉之钟离,西汉之钟仪,递传于兹,千百余年矣。虽孔子删书断自唐虞,而《史记》所载至今昨,明炳日月,非犹杞宋无征、文献之不足可同日而语也。谱以彰祖宗之功德,追支派之联络,致亲疏有别,昭穆惟序,谱之义大矣哉!谱之作也,奉为家珍,敬宗收族从此昭,裕后光前由兹著,人而无谱,不知其可也。

兹己亥(1839年)秋,邀同叔祖声高、从弟起程以创乘事,谋诸族众,莫敢畏难苟免,遂则挽堂叔良弼,共襄厥事而赖以润色之。我欲偕

---

① 《颍川郡钟氏宗谱》,共和癸酉年(1993年)修。

行从事,因馆羁而不暇。及谱之成也,祖宗赖以生辉,彝伦赖以攸叙。所谓慎终追远,此物此志也乎。①

钟氏族谱序

盖闻万物本天,人本祖。人有宗祖,犹木之有本,水之有源。自轩辕赐姓以来,谱牒遂兴,尧祢睦族而百姓平章,舜美克谐而四方风动。大节克敦,帝世扬赓至治;彝伦攸叙,群黎咸识尊亲。推之上治下治,而无不宜者何?莫非鲁卫自分毛滕,文昭不紊武穆,同车弗与同轨,葛藟常庇本根。人而无谱,视手足如路人,同室而操以干戈,萧墙而偶以启衅,可乎哉?谱之不可无也,明甚。

粤稽钟氏志深公封为敌国勇侯,肇启广东潮州府凤凰山,建立都府,在朝袭职。自唐历至明初,沦灭经于前,兵燹继于后,宗谱遗失。所可幸者,敕书帝命,光炳日月,府县碑志俱有文。史册所载,虽有可考,孟子曰:"其详不可得闻也,尝闻其略也。"何如谱之详明乎?

今丙午(1846年)春,值宗叔子迁造舍,言及辑谱,董正其事。予深嘉之,特以余也学浅识疏,不揣固陋,唯唯奉命,汇集丁甲,邀同玉沙蔡乃杰先生,仿欧苏之体,印刷成编,俾后之览者,识渊源之有自,绵支派于无疆,亦足以笃亲亲、起孝敬之思也夫。是为序。

鼎邑二十都王家洋丹桥裔孙庠生富岁熙年拜撰②

旧　　序

盖闻人莫先于祖宗,而祖宗之最重者,尤莫于谱。谱也者,敦本清源之义也。上治祢祖,下治子孙,故敦本之义,贵能追所亲,以达于亲者之所亲。追而远者周,则追而近者著,若纲之条分缕析,而提纲挈领,自然有条不紊,支派井划,昭穆分明。每怀及此,窃兴追远之思。

查阅余家神主,自士田公以上,年久字漫,无从稽考。忆我族人,恐亦类然。前车可鉴,触目伤心,不禁凄然流涕,诸兄弟皆曰:"是无谱之咎也。"余于是又起纂谱之念。尝思作史难,而创辑亦不易,昔昌黎大手笔犹不敢以史职自居,非具鸿才卓识,一秉于至公无私者,不能也。

---

① 《颖川郡钟氏宗谱》,共和癸酉年(1993年)修。
② 《颖川郡钟氏宗谱》,共和癸酉年(1993年)修。

余是年岁届杖乡，闲暇在家，思欲上继先人遗志，下应兄弟面议，非一人所能任也。是以邀宗叔声高、从侄起程分理其事，皆曰："唯唯。"急公奉命，凡因易而刓难，述易而作难。余不揣蝇头坐井之见，惟宗祖事迹实录而志之，不敢胪列古来文人学士，声名洋溢，掇作宗祖。其在宗庙中，祭之、奠之、拜之、跪之，则名曰："是吾宗祖也。"孔子曰："非其鬼而祭之，谄也。"然天下同姓异宗固多，而同宗不同郡亦非少，徒事铺张，艳目千誉，为知者笑，亦奚为哉！①

旧　　序

盖闻上古之民，无甚亲疏。后圣之作礼义为纪，姓以系之，食以缀之，各亲其（所）②亲，各长其所长，而人道备。人道莫先教孝，教孝莫大敦本。天之生物，使之一本故也。

我祖士田公以上，世远代湮，尝闻其略。今就知其所亲而亲之，敬其所尊而尊之，如全岙之良贤公，泰邑之法生公，以及鼎邑周洋之启善公，二十都马鞍山之永福公，牛埕贡之德勤公，董家坪之法赵公暨八都长岗之仕桂公，十八都周山之永盛公，安邑柳溪后洋之明全公，行第稍殊，而究其世次，昭穆分明，雁排不紊。若不辑谱以志之，则月久年长，天各一方，视手足如路人，等连枝如秦越，可乎哉？

余弟兄敬祖念切，尊宗情重，不免董正其事，编采丁甲，汇集成书，俾后之览者，知祖宗之有自，识亲疏之有别，而生贺死吊，和气致祥，则庶几睦族敦伦之义尽矣。

乔孙起芳、起兰同拜撰③

叙

谱之义大矣哉，上以敬宗，下以联族。水源木本之思，于是乎寄。使不有谱以示之后人，世代既远，源流益分，即同乡共井，亦生不贺，死不吊，漠然一路人而已。此欧苏所以创辑谱牒，笃亲谊也。

传及东粤，余家乘虽抄有全本，越明末年间，致遭遗失。今亦不敢

---

① 《颍川郡钟氏宗谱》，共和癸酉年（1993年）修。
② 疑有漏字"所"。
③ 《颍川郡钟氏宗谱》，共和癸酉年（1993年）修。

备述列祖,分徙鼎阳、佳洋、金岙,择里而居,创大厦,置膏腴,即为来平之始祖也。族高祖永盛公、良贤公前经纂修,诸名人各有赠序。厥后我祖士田公亦曾举行修谱,而事因创始,有难胜任,迄今数十年矣。

余虑世远年湮,莫知所自,以昭穆无序,本支失别,不知宜亲宜恤,而秦越以目之也。遂不惮竭其心力,详加校对,著为谱纪,凡世次支派,生娶卒葬,俱历历焉。且其中有名行第,因粤谱遗失莫考,就列祖讳表而推衍之。又一世至百世,秩然鳞次,绳牵绳系,庶尊卑不紊,举口而知,犹如参天之木,叶累柯重,一本所生,枝干森列。放海之水,川流渊积,而泉源相衍,脉络分明。此则余造谱之意也乎。是为序。①

叙

国家之立监,所以劝善而惩恶也;史臣之载笔,所以征信而阙疑也。故称名立谥,虽势位权力烜赫一时,不能废公议以自便其私。噫,可畏也!

夫至家之有谱,亦犹国之有监。史载笔不必其尽同,其劝善同也,征信而阙疑同也。独惩恶一道,非幽厉可以加之,君上也;荒谬之可以施之,贵戚也。宁为其宽,毋为其刻;宁失之纵,毋失之严。敦本也,睦族也,亲亲之道所为,以恩掩义云尔也。善哉,老苏之论曰:"书其事而没其名,使他人观之则不知其为谁,使夫人观之则耳热面赤,食亦不下咽也。"於呼!是亦足矣,亲爱之情笃,而惩戒之法亦立矣。

余高祖永盛公,当明末年间,卜居鼎安泰阳,于今廿六世,瓜瓞蕃衍,支分派别,庸有不相往来不相识面者乎?庸有不变其孰为昭孰为穆者乎?名字之未有次第也,谱序之遗失而未明也,余甚惧焉。爰就列祖之名字行第而推衍之,开陈明白少长,秩然由是。昭穆明,世系彰,本支百世,谱之义止此矣。虽然,余犹有进昔范文正公之立义田也。自后人观之,则有亲疏,若自祖宗论之,此固无亲疏也。人能以祖宗之心为心,则孝友之念生;孝友之念生,则百行之善备矣。由斯道也,则古来睦族敦伦之说,未可以尽废也。不然,虽谆谆劝戒,勒之金石,著之简编,保无有少凌长,小加大者乎?保无有贱妨贵,淫破义者乎?保无有欲败

---

① 《颍川郡钟氏宗谱》,共和癸酉年(1993年)修。

度,纵败礼者乎?且也嫡庶不明,乱生枕席矣;阋墙启衅,入室操戈矣!孤寡不恤,何有于饥寒;强弱相吞,奚念夫同气?诚如是也。道路也,怨仇也,又何贵序昭穆以庇其本根哉!吾子姓弟兄,偶有蹈斯行者,痛自惩焉。毋谓家乘不若国乘之严而难犯也,此余欤造谱之意也。是为序。

裔孙起程谨志①

序

从来物本天地而生,人由祖宗以养,无天地则不生万物,无祖宗则不能旺子孙。读《尚书》而知九族既睦,百姓获平章之福。诵《舜典》而知五十孺慕,四方沐于变之休。由帝而王,太伯虞仲,太王之昭也;虢仲虢叔,武王之穆也。孰无祖宗,谁非子孙,而可无谱以序其长幼,而别气尊卑乎!

稽钟氏出自高辛之朝,历传至东汉之钟离,西汉之钟仪,俱皆峥嵘。迄今世远年湮,史册所载代有文人,窃恐宗谱遗失,无从稽考。孟子曰:"其详不可得闻也,尝闻其略也。"何如谱之明,炳日月乎。前幸叔祖声高公于道光十九年(1839年)与堂伯良弼汇集世系,纂辑成编,俱系缮书,未经登梓。今也我辈兄弟有志光前,议及重修,皆不辞劳。遂同跋山涉水,开齐丁甲,即挽堂兄起程,再加校订,付诸梨枣,印刷全卷,以启我后,《礼》曰:"尊祖故敬宗,敬宗故收族。"即此之谓也。

大清咸丰十一年(1861年)小阳之月

裔孙起庄谨志②

纂修宗谱序

盖闻家之有乘,即国之有史,史纪一代之盛衰得失,乘载通族之脉络分明。自轩辕锡姓,人知有祖,尧称睦族而平章百姓,舜美克谐而风动四方。集瓜瓞之绵绵而无以联其情,固薄以视本支;萃公姓之振振而无以肃其分,亦适以乱等杀。故先王同姓子孙,必序之以长幼,别之以尊卑。大节克敦,帝世赓扬至治;彝伦攸叙,群黎咸识尊亲。推之上治、下治、旁治,而无不宜者何?莫非鲁卫自分毛滕,文昭不紊武穆,同车弗

---

① 《颖川郡钟氏宗谱》,共和癸酉年(1993年)修。
② 《颖川郡钟氏宗谱》,共和癸酉年(1993年)修。

与同轨,葛藟犹庇本根,谱之义大矣哉!

粤稽钟氏,出自高辛之朝,盘瓠王宫女,招志深公为驸马,封敌国勇侯。肇启广东凤凰山,建立都府,在朝袭职。嗣是子孙蕃衍,历至明初,千百余年。始祖良贤公,迁徙浙江平邑三十五都状元内金崟村,生子五人。连枝结实,百子千孙,分居四处,天各一方,若无谱以志之,岂不视手足如路人乎?道光十九年(1839年),余同叔祖声高,业经造谱,不过创始而已,未云尽善也。

本辛酉春,堂弟起庄,堂兄起芳、起兰等议及辑修。有志光前,汇集丁甲,邀请埔坪蔡扬昶先生印刷成编。余深嘉之,俾后之览者,识渊源之有自,绵支派于无疆,亦足以笃亲亲、起孝敬之思也夫。是为序。

时龙飞咸丰十一年(1861年)岁次辛酉季秋之月穀旦

裔孙附贡生加州同知衔富岁熙年拜撰①

增修族谱序

尝谓人生有宗祖,犹水木有本源。故欲知祖宗之所自来者,莫自谱牒之设也。

我鼻祖志深公封敌国勇侯,肇启广东潮州府凤凰山,建立督府,袭爵于朝,自唐虞夏商周历至明间,多丰功伟绩,但谱遭沦灭,名因不彰。辛敕书碑志犹有明文。瓜瓞之绵延,始知先代出于一体;椒聊之繁衍,将信祖宗洽其本支。际此胄裔殷繁,后昆济济,稽其族众,或在福宁,或居福鼎,或来平邑,或处州青田。此皆择地而踏乐土,赖有谱以详明之。

今甲戌冬,宗翁子敬、建旺、大吉等有志创谱,董正其事,寻先绪以明祖先,会本宗而汇丁甲。爰举莒溪一号时雨、一号如川老夫子,仿欧苏之式,印刷成编,俾后人览者,知祖考之昭穆攸分,子孙之次第不紊矣。以是为序。

大清光绪元年(1875年)岁次乙亥穀旦

平邑五十二都裔孙义谟谨识②

---

① 《颖川郡钟氏宗谱》,共和癸酉年(1993年)修。
② 《颖川郡钟氏宗谱》,共和癸酉年(1993年)修。

修钟氏谱序

尝考《尚书》所载,尧曰:"以亲九族。"汤曰:"肇修人纪,箕子之范。"又云:"彝伦攸叙。"可知敦本睦族之谊,自古为昭,于今尤烈。士君子有志修齐,孰不以是为急急哉。顾欲敦本,而祖宗已代远年遥;欲睦族,而孙支又棋南星北。此宗谱之所以由作欤!然宗谱既作于前,而弗修以继之,则宗法不备,数传之下,保无视周亲如途人者乎。钟君世智等抚念及此,常殷殷焉。

乙亥秋,延吾友陈懋修生员,搜罗丁甲,纂辑成编。丙子夏,延余绣梓。余也不才,笔墨卑琐,曷克敲金而戛玉,敢云掞藻以擒华,不过为之分经纬,列纪图,序齿以别尊卑,依类而分昭穆,俾阅斯谱者,孝亲弟长之道油然而生,水源木本之思触类而长。人伦明,纪纲正,岂小补哉!更期是族后人,超群拔萃,显耀宗祊。是则余之所厚望也夫,是则余之所深幸也夫,谨叙。

时龙飞光绪二年(1876年)岁次丙子蒲月穀旦
二宜斋梁印玉拜①

修谱自叙

盖闻根深者叶必茂,源远者流自长。子孙之蕃衍,祖宗之德泽基之,苟无家乘可稽,将何以示厥后哉!族之重,赖有谱也明矣。

余自鼻祖良贤公披荆剪棘,卜宅于兹,其间椒衍瓜绵,嗣续蕃盛,有散居诸异地者。至于安邑明全公、泰顺法生公以及福鼎之单(丹)②桥、马鞍山、牛垾页、长岗、长园、周山诸列祖,悉闽中一脉所从。分自道光年间,董辑是谱,俱遍历其地而统联之。越咸丰辛酉,安泰丹桥以下诸族,又各为谱以辑之,惟长岗、长园与吾金岙派下弗与焉。迨今支庶滋蕃,迁徙犹异籍,非辑谱以明之。余惧其久而寝湮,后弗及考矣,爰于侄□孙声銮、声鹊、鸣钰等协力同心,谋修谱牒,而长岗、长园二公亦踊跃赞成焉。于是身亲各地,遍录生庚,阅三月而备详其概。敬延陈懋修生员汇集成书,著为谱纪,凡世次支派、生娶卒葬,俱昭然若揭。但予慨前

---

① 《颍川郡钟氏宗谱》,共和癸酉年(1993年)修。
② 此处疑为丹桥。

之失纪,今惟纪其所可知,欲以实录而传诸后,岂非木本水源之不容昧乎?后之孙子,知今日辑谱之意,继而纪之,无失其真。自五世之后,祖迁于上,宗别于下,支系派别,井然有条。

览兹谱者,尊祖宗,敬伯叔,别亲疏,序长幼,恩义之隆,礼法之盛,三代忠厚之遗意复兴。则吾钟氏之流风,庶洋溢于闽浙间也夫。

龙飞光绪二年(1876年)岁次丙子蒲月毂旦

首事七世孙声銮、声鹊,六世孙世智,八世孙鸣钰同谨识①

敬修钟氏谱序

原夫谱之作也,自周人有小史以奠世系,春秋则有世本,汉有官谱,晋有族氏。五季之衰,斯泯裂矣。欧苏二公出,始设族谱。夫谱者,普也。普其宗支世系,不至于混淆。族者,属也。属其气谊血脉,不至于离散。法至美,义至隆也。倘辑谱者,不体此意而行之,仅能旁搜显宦,采择名贤,铺张而扬厉之。噫,美则美矣!其如遥遥世胄,何余于钟氏之谱有弗敢焉?

盖余也,地相邻,居相接,亦尝与渠氏通往来,窃见一族之中,世泽绵远,嗣续炽昌,洵为都邑之巨宗。且其间和亲康乐,老者有义方之训,少者怀逸欲之惩。务农桑,勤诵读,猗欤哉,何其盛也!及询所由来,知若祖良贤公,原自闽之南安人也,明季之间自闽来浙,披荆剪棘,创建丕基。其派居鼎之长岗、长园,皆闽中一脉所从出。至于分徙诸地者,又属金岙良贤公之后裔焉。忠厚传家,祖德弗替,益二百余年于兹矣。

是岁丙子之春,钰等延予修谱。余寻其旧本而阅之,见次序分明,雁排不紊,于道光年间钟良弼先生纂辑而成编者,第属缮书,未经登梓。今膺是任,不揣蝇头坐井之见,遂遍收丁甲,汇集而校订之,以付梓于二宜斋焉。第斯谱辑也,贵真不贵饰,纪实不纪华,以五世一提,九世再提,凡为上焉者,世系已睽则阙之,俾昭穆无相淆;下焉者,支派渐涣则收之,俾秦越无相视。览是谱者,虽远若近,虽涣可征,数典不忘,是亦足矣。无繁称也,无传引也,其慎也如是,斯不亦得欧苏之遗义欤!

龙飞光绪二年(1876年)岁次丙子蒲月毂旦

---

① 《颍川郡钟氏宗谱》,共和癸酉年(1993年)修。

庠生平斋陈懋修拜撰①

重修钟氏宗谱序

是岁春,余如桐访友,遇张君远书于丹桥。道次钟君凤冈,强邀至家,下南楼之榻,倾北海之樽。时则露凝夜灼,风警晨鸟,犹复才语蝉蚂,各谈世系。凤冈慨然以修宗谱为念,嘱余二人为纂辑。余与凤冈,初识面友也,一见康成,便钦长者,况逢高惠,岂等神交。遂欣然为之稽家乘,溯源流,知士田公即丹桥之鼻祖也,启善公、永福公即往洋、马鞍山派也。他若伯善、近如、近法、法生、伯朗诸公,即桥亭、山兜、霞邑、福安、泰顺、点头诸派所从出也。分八功之水流为大川,合千灯之光混成一色。

昔张说闻贞与张九龄子寿通谱,后世荣之,今与昔有同辙哉!于是凤冈与学旋会集族董鸣登、起勉、起洲、起舞、学信、学滕、刚印诸君等,遂遍采各处丁甲。余为之互证参稽,以活字板梓之,阅一年而谱事告竣。

噫!向使子期不遇,亦空嗟流水高山。是殆广桑山上,旧有前因欤!不然,何事之成于巧也。他日者,拟家风于河北,踵门第于江东,是即凤冈之至意,亦未始非予二人与凤冈夜谈之至意也已。

光绪十年(1884年)岁次甲申腊月穀旦
昆蒲庠生政三、郑培英同拜②

增修谱序

尝思家之有谱,犹国之有志也。志为天下明大义,操予夺褒贬之权;谱为后世明亲爱,志生配卒葬之事。家与国无二理也,谱与志亦并重矣。彼夫同源分派,人远世疏,陶靖节所箴诫;亲尽无服,实如路人,苏明允所谨警。吾人能无虑及哉!顾分之则为家,合则为族,欲求尊祖敬宗之义,绵世泽而周替者,端赖谱以维之。是谱之不可不作也,审矣。若仅作于前而不修于后,窃恐代远年湮,名分无以知,亲疏无以辨,所谓视如隔膜者,且有等为仇雠矣。是之不可不修也,又审矣。

---

① 《颍川郡钟氏宗谱》,共和癸酉年(1993年)修。
② 《颍川郡钟氏宗谱》,共和癸酉年(1993年)修。

今王西宅,山环水绕,峰秀岩丽,钟家聚族于斯有年矣。地灵人杰,不可谓非得天之助耶。独有唐李先生,号义馀,为人不忮不求,忠厚成性,自幼习于道教,为老子门下。其艺学久,擅视人之疾病,为缓急,不计锱铢之多寡。其与人交,群称有晏子之风,良有以也。是岁戊戌桂月,举修谱一役,彼族人莫不勃然而兴。其非抒尊祖敬宗之心齐切,敦亲睦族之念安得而然耶?盖愿光前裕后,与国志并传不朽云。

先生肩厥任,尽心竭虑,乘时纂修,固所以绵亲睦之道,千百年其未有艾也。夫余故不敢辞,拙录缀数语以为志云。

时光绪念(廿)四年(1898年)岁在戊戌桂月

邑增广生周镐京撰①

修谱自序

从来物本天地而生,人由祖宗以养,无天地则不能生万物,无祖宗则不能旺子孙。读《尚书》而知九族既睦,百姓获平章之福;诵《舜典》而知五十孺慕,四方沐于变之休。由帝而王,太伯虞仲,太王之昭也;褘仲褘叔,武王之穆也。孰无祖宗,孰无子孙,而可无谱以序其长幼,而别其尊卑乎?

粤稽钟氏鼻祖志深公,历传至东汉之钟离,西汉之钟义,俱皆峥嵘。迄今世远年湮,史册所载代有闻人,窃恐宗谱遗失,无从稽考。自明季百户公由罗源以来,迁居福鼎后溪,而后溪转迁于平邑三十三都凤池溪边居焉。世系发祥,后转移凤洋东岗并莒溪高垄口及福鼎二十都王西宅、梅溪、大湾头及后港、桥亭、王海、鹏坑、龙潭面等处而居焉。虽属一本,不有谱以联之,恐尊卑倒置,行第不分,可乎哉!迨道光丙午(1846年)之岁,族中国山子昌宗翁,采录庚甲,编立家乘,钟氏家谱于是乎成。至同治甲戌(1874年),宗翁子敬、建旺、学顺欲嗣而葺之,谓迄今二十五年不增以修之,恐孙枝繁衍,脉络弗通,则人之各祖其祖,各亲其亲,荡晰离居。近者亲,远者疏,其不至于路人相视也者几希矣。

兹者戊戌(1898年)春仲,合族议及重修宗谱,特请昆阳昌禅岙口侄婿蓝作成珥笔,同吾侄义簇往南福宁霞浦,奔北瑞安昆阳。冲风冒

---

① 《颍川郡钟氏宗谱》,共和癸酉年(1993年)修。

雨，涉水跋山，开齐丁甲，汇稿纂修，敬请平邑之蓝宋洋欧阳云程先生付梓梨枣。刷印全卷谱一十六部，房谱计二十余本，数月完璧，各分存房收藏，以备日后稽考云尔。

大清光绪二十四年（1898年）岁次戊戌季秋月穀旦

总理王西宅十三世孙学记，十四世孙义禄义炉同谨志①

新修谱序

盖闻天地之中，树木千枝，当揣其根；江河万派，宜溯其源。而人之有祖，犹木之有根，水之有源也。

稽钟氏轩辕锡姓以来，肇自鼻祖志深公及汉之钟离、唐之钟期，继今几千余年。自唐虞夏商周以来，谱牒遗失，无从稽考。历止明季，百户公由罗源迁福鼎后溪，而后溪转迁（温州）昆阳三十三都凤池蕉坑溪边，肯构肯堂而居焉。创业垂统，为可继也。惟钟氏一族，兰桂胜芳，散居各处，或居闽之南，或在浙之西，而近者亲，远者疏，苟无谱以纪之，其不至于路人相视也者几希矣。同治甲戌（1874年），族中子敬、建旺、学顺诸翁，敦宗睦族，不惮登山涉水之劳，开录庚甲，详厥里居，排列行第，千枝万派，合成谱书。至今二十有五年矣，合族佥议，又重修之。

兹者戊戌（1898年）春，内弟义禄、义炉诸君总董其事，特请余珥笔。余同内弟义簇，往南奔北，各处采访庚甲，汇稿较正，敬请蓝宋洋欧阳云程先生付梓梨枣。阅数月，谱成，有以序其昭穆，和其亲疏，亲其亲，长其长，上不坠祖宗之贻谋，下不失子孙之联续。予学浅无文，爰志其大概云尔，敢云序哉！

时大清光绪二十四年（1898年）岁次戊戌菊月穀旦

平邑昌禅愚姊丈蓝作成顿首拜撰②

增修族谱序

夫云霞丽于天而始灿，必有所以丽之之由；江河因乎地而后流，必有所从流之之处。凡物类皆有本源，人生天地间，固当寻源溯本，不忘其祖宗者也。倘无谱以载之，奚识渊源之所自？同本同支，派处异地，

---

① 《颍川郡钟氏宗谱》，共和癸酉年（1993年）修。
② 《颍川郡钟氏宗谱》，共和癸酉年（1993年）修。

年湮代远,必视为路人。同室而操以干戈,萧墙而偶以启衅,其流弊有不胜言者。然则欲上治祖考,下治子孙,赖谱牒之纂修也明甚。

上考我始祖志深公,自锡姓递衍,郡属颍川。阅世已久,其迁居之代,乃自明季肇基等处。今已十有七世矣,无如沧灭经于前,兵燹继于后,其中生卒葬处尚多遗忘。

戊戌春,族人佥议修谱,族叔祖大星、学记,族叔义禄、义炉、义簇有志倡首。赴闽奔浙,不惮跋山涉水之劳;忍渴耐饥,不辞冒雨冲风之苦。搜寻支派,详开尊卑、次序及生卒、配偶、葬处。因而邀请名师一号作成、一号云程二先生,刷印成编,俾千载下按谱以稽,可知万派总属同源,万殊归于一本,支分缕晰,井井有条,上不失祖宗昭穆之序,下不淆长幼尊卑之列,谓非上治下治之良规,敬宗睦族之美意也欤哉!是为序。

时大清光绪二十四年(1898年)岁次戊戌仲春月穀旦

平邑五十二都裔孙犀生秉和谨志①

敬修钟氏宗谱序

盖闻百川之浩荡奔腾,有源乃大;万树之葱茏蓊郁,有本斯荣。物既有然,人亦犹是。然溯源敦本,先世既有遗书,而续册接图,后人贵能述事,知善诒乃称。夫燕翼克绳武,不愧乎象贤。如丹桥钟氏者,鼎邑名族也,其始祖诸公当明季世,值清初基,思避难以图存,寻乐郊而远适。携家挈眷,天各处夫一方;浙水闽山,地分居夫两界。如平如泰,隔处云遥;如桐如安,散居有侣。倘阅时既久,谱牒不修,前人何字何名,蔑由稽考。后昆或聚或散,莫识里居。势必长幼弗序,伦纪有乖,肥瘠无关,秦越相视者矣。

是岁乙卯春,英任教席于丹桥校中,族之曾叔祖起馀,叔祖学春,族叔辅仁、刚前、刚舆、刚印等,持身岸异,立品端方;外敦友谊而虞诈弗生,内笃宗祊而亲疏罔间;要皆洞明世务,乐序天伦者也。言及增修宗谱,竟以纂辑嘱予。既嘱之殷,当成其美,予于是偕故友步青、舍侄琴轩,遍收丁甲,检阅支图,互证参稽,辑新编而再续;成书付梓,偕旧卷以

---

① 《颍川郡钟氏宗谱》,共和癸酉年(1993年)修。

重刊。序穆序昭，雁免不紊；传疑传信，蚪蚪无讹。庶使祖德宗功不至沦而莫考，则如支分派衍无虑涣而难收，览厥支图，了如指掌。

衍绵绵之瓜瓞，尽识同根；问韡韡之棣华，咸知一本。然（宗）①规整肃，固无惭述德之谋，而家乘乔皇，聊足表扬休之寄。是为序。

若夫始祖之自来，迁居之何处，原序既详，无庸复赘。

民国四年（1915年）岁在乙卯菊月吉旦

曾侄孙琴轩，侄孙庠生小玉、庆英，愚侄婿蓝步青同敬撰②

修谱自序

窃以世界共和，五大洲咸遵一体；君民平等，四百兆合为同胞。顾欲图强国之谋，合群最要；而欲效保家之策，修谱为先。昔范文正公云："三世不修谱，则入于小人，且流于不孝。"斯言也，为时人警，实为天下后世警，意深哉！

盖以谱也者，所以敦本源而昭世次，纪聚散而防遗失。大抵时无古今，族无巨细，要必有谱以志之，使不遗忘者也。苟不修而至于遗忘，亲者必失其为亲，疏者竟至于愈疏，数典而忘其祖，一本而视为路人。乌乎，故范文正所以出一言为天下后世警也！

我丹桥钟氏宗谱，前经修辑，迄今三十余载矣。振振子姓，既蕃衍夫椒聊；簇簇丁男，宜增修夫梨枣。故起余于此一事，时往来于心而不能去，爰谋诸族侄学春暨辅仁、刚前、刚舆、刚印等，莫不欣欣然出而共事。于是沿溯源流，采搜丁甲，延宗侄孙庆英纂辑，邀李先生绎如绣梓，兹则谱牒告成矣。分而藏之，时而览之，知长幼亲疏之不紊，生娶卒葬之可稽。笃一本之亲，联合族之谊。源源木本，绵世系于无穷，继继绳绳，衍宗传于不替。是余等之所厚望也。

民国乙卯年（1915年）季秋之月穀旦

首事裔孙起馀、刚前、刚舆、学春、辅仁、刚印谨撰③

---

① 此处疑漏"宗"字。
② 《颖川郡钟氏宗谱》，共和癸酉年（1993年）修。
③ 陈先奖梓辑：《颖川郡钟氏宗谱》，2005年修。

增修族谱新序

　　家之有乘,犹国之有史也。其体例虽殊,而实相为表里,故有时史之所书者,每采辑夫家乘之微言。而家乘之所载者,要必征诸历史之正论,是则族之有谱,不过綦重乎?然谱虽重而能详厥由来者,则尤戛难乎其难矣!何则?年代远则世系难稽,兵燹经则流离失所,播迁避匿,识字必希,每见各姓之谱,往往以某者系福建迁来,某者系广东移此,诸如此类。而于肇迁以上之远祖,鲜能一脉贯通无淆混者,如我钟氏之一派,弊亦犹是。溯我始祖百户公,由罗源而迁浙闽,厥后分支衍派,尚得源流,而百户公以上之世系,则懵然不知,非所谓其详不可得而闻乎!

　　粤稽先世自微子封宋,厥后伯州黎仕楚,食采钟离因以为氏。至汉去一离字,以钟为姓。因居颍川,故钟氏为颍川郡,而旧序则以高辛之朝,始祖盘瓠平戎寇有功,斩吴将军首级,乃赐黄金食邑,妻以少女,后生三男。而我祖居季,赐姓为钟,名曰志深,其信然耶,其非然耶?余不得而知,乃为之编稽载籍,博览群书,姑为之剖释焉。夫古之正史,莫如三传,按《左传》,高辛氏有才子八元。《史记》帝喾高辛氏娶陈锋氏女,生放勋,是为帝尧。其次妃娀氏生契,元妃有邰氏生后稷,并无盘瓠之说。今以妻盘瓠者为高辛氏女,则是才子八元放勋稷契之姊妹,而英皇之姑母矣。而且仲雍居蛮,赐姓为吴,至周始有吴氏,而高辛之世胡为乎有吴将军乎,更胡为乎有志深公乎?噫!创是说者,见于后汉《南蛮传》范蔚宗手著,乃俗士之游谈,岂非谬妄之甚哉!然吾谓信无稽之说,不如凭有据之书,庶足昭示后人,得免贻讥于大雅。况我钟氏又无二郡,更何有异宗别派之殊乎。

　　己未秋,族人增修谱秩,问序于余。余为之析其疑,正其谬,解故增新,俾族人以时观览,相与详本源而敦亲睦,庶不致蹈数典忘祖之讥焉。爰不揣冒昧,毅然校正而乐为之序。

　　中华民国八年(1919年)岁在己未闰七月穀旦
　　平邑桥墩十二世孙邑庠生肇元盥手拜撰①

---

① 《福鼎佳阳双华村钟氏宗谱》,民国八年(1919年)修。

修谱新序

窃思古者,缘姓立宗,缘宗定谱,所以笃亲睦族,推本穷源,俾子孙知所来也。是以故家名族,莫不有谱,以纪其支分派衍、亲疏昭穆之殊,诚欲为子孙者善继善述,庶不至尊卑失序,昭穆混淆。谱之籍于修也,不綦重哉!

自世人忽水源木本之思,遂置祖功宗德于不问。至有世系,莫改昭穆,憯然不再传,而一本之亲,相视几为途人者。钟氏之派固无虑此,自光绪戊戌年续修,已经廿有余年。创厥谱书,固其宗盟,以视世之忽水源木本者,固有间矣。韩子曰:"莫为于前,虽美弗彰;莫为于后,虽盛弗传。"

今得表叔肇修,诸君子慨然以续修为己任,不以余不佞,躬亲其责。自春徂冬,工甫告竣,问叙于余,余喟然曰:"有是哉,钟君之盛举也!"其尊亲之心,辑成斯谱,俾阅者由所亲推而及亲者之所亲,由所尊推而及尊者之所尊。行见一族之中,秩然蔼然,君子推为仁里,有司表为义门。则约之①为一姓亲睦之规,广之即为一世休和之象,岂第美而彰,盛而传,仅为承先启后之良图而已哉!是为序。

民国八年(1919年)秋月,姻表侄绎如李绳祖拜撰②

增修谱序

谱牒之兴,由来旧矣,自赐姓以还,子姓蕃衍者,必藉谱以合族。族谱之设,所以联宗支,序昭穆,别长幼者也。散者使之聚,涣者使之萃,俾代远年湮,亲疏远近,厘然不紊。谱之所系,巨矣哉!使创立于前而不补葺于后,则后世日增月盛,徙居播迁,将数典忘祖,逾久而遂失其传。苏明允所谓无复亲,盖视若路人。惟彼路人,其初一身,亦重可慨矣。

凤池自百户公肇基,托迹于斯数百年矣。星罗棋布,派分支别,或居故里,或徙他乡,丁齿浩繁,宗支蕃衍,莫非一本同源之所自出,而支支叶叶,派派承承,莫不井井,有条不紊。疏者愈疏,远者愈远,如细流

---

① 为对仗句,或可增"即"字以求对仗。
② 《福鼎佳阳双华村钟氏宗谱》,民国八年(1919年)修。

之在沧海,粒粟之在太仓,渺而不知其所之,茫而莫辨其由来者。凡以有族谱在耳,凡以有族谱而历历修之不坠尔。谱牒一修光绪乙亥(1875年),再修光绪戊戌(1898年),三修民国己未(1919年),迨今四十载矣,使之不重修,不几失先人之遗绪乎。

是岁,余在平美邓姓修辑,探望故友秉煊、维漆、义金诸君,佥议遂以修辑,见托余袜线之才,曷肩是任,业关一体,宿留何敢隐匿。遂为之录其旧,增其新,纪其生卒,序其昭穆,讹者正,缺者补,汇誊成编,同汝舟友人彬相检阅以为剞劂,不致有亥豕之讹,遗珠之憾,庶几美者彰而盛者传。后之览者,其于尊祖敬宗之义不无小补云。是为序。

时戊戌年(1958年)秋月榖旦

鼎邑梨山庄泽生拜撰①

新修谱序

承先启后,必藉诒谋;敦本澄源,须资绳武。雍雍肃肃,无非同气连枝;济济跄跄,俱属共根并蒂。支分派衍,阅卷而昭穆堪稽;物换星移,按图而尊卑不紊。列宗盟于家乘,讵无或远或近之殊;溯裔胄于谱书,应有为亲为疏之别。连篇累牍,恐图系之太繁;分秩类登,欣取携之甚便。此厚杨、厚燕、厚满、敦田、刚寅、刚杪、刚珍、刚清、桑柔、柔铭、柔泉、柔车、敦源、厚增、柔城、敦煌、信朝诸君等所以皇然有志修谱。心怀巨典,爰襄开来继往之谋;力赞宏功,因举裕后光前之任。余也业务枣梨,谬膺纂梓。书名列爵,悉遵眉山苏老之规;纪月编年,聊效泗水宣尼之意。明其长,别其幼,重辑新编;盖其阙,存其疑,仍因旧简。条分缕析,横竖朗若列眉;纲举目张,源流了如指掌。联一本万殊之谊,统绪克垂;敦百世九族之伦,宗祊振兹。当藏事,漫属涂鸦,敢竭鄙诚,略陈俚句。

时公元二○○五年岁次乙酉孟夏之下浣榖旦

苍南县藻溪镇陈先奖拜撰②

---

① 《福鼎佳阳双华村钟氏宗谱》,公元戊戌年(1958年)修。
② 陈先奖梓辑:《颍川郡钟氏宗谱》,2005年修。

新修谱序

今夫民数之无穷也,非版以纪之。则盛不独盛,衰不独衰,奚以辨众寡?亦氏族之蕃衍也,非谱以书之,则离不皆离,合不皆合,何以知亲疏?是国之用版,犹家之用谱,孰谓谱而可少乎哉!

谨按旧谱所载,我鼻祖志深公,出自高辛之朝,史册莫稽。噫!创是说也,起于南朝范蔚宗著《后汉书·南蛮传》,俗实游谈,狂夫之谵语也,岂非谬戾之至哉!然其听谬戾之言,不如信其有据之说。考之芈氏楚公族钟,建封于钟,吾之地厥后为钟,吾氏以钟之姓,从此而起,信哉!无疑矣。迨其始祖由广东而来浙闽等处,俱有谱牒以纪祖德,以传宗功,俾后世瓜绵可溯,葛庇可推,不至宗支有河浒河溪河滑之叹。继今散居各处者,不止一家;巢南楼北者,复非一族。苟不急起而增修之,则苗裔繁而人情睽,隔数传而后,势必祖其祖,亲其亲,视骨肉为行路,等同宗于秦越。所在多有或不幸而经兵燹,益复荡析离居,迩者远而亲者疏。此苏明允所以有维彼涂人,其初一身之叹也,乌乎可?

兹者壬寅岁,鼎邑佳阳乡宗叔学雄、宗侄敦敕、敦汀、厚柱、厚舆等,爰谋修谱。举余分任其事,予也不辞劳瘁,沿户开录庚甲,奔福霞之区,赴鼎平之地,跋涉山川,蒙犯霜露。不数月而事既竣,由是上溯本源,下寻支派,凡属同气分支,一脉相联。聘请前岐镇吕麟玉先生三竹林勒为成书,令伯叔兄弟辈,得暇日以观觉,庶有以知其祖之起于何代,来自何方?行列、尊卑均作了如指掌之明。尚何虞饮水思源,数典忘祖之讥!将见五世一提,支图可考,男女生卒皆有纪,家居坟墓悉备详。以小宗后大宗各有等伦也,以疏支殿亲支咸敦族谊也,以庶子继嫡子无相紊越也。其与先王教孝明伦之旨不有合乎?

斯举也,诚哉,仁人孝子之用心也。今而后,吾宗之绵先绪而启后人者可,于是谱之成卜之已。爰不揣谫陋,而乐为之序。

中华共和国岁在昭阳大荒落(癸巳)端月吉旦

昌禅宗裔孙克明阡撰①

---

① 陈先奖梓辑:《颍川郡钟氏宗谱》,2005年修。

二、宗族建设

（一）宗祠祀庙

从钟氏的族谱记载来看，钟氏畲族人修建祠堂的时间要晚于族谱编撰的时间，钟氏最早修建祠堂的时间是在晚清。查阅文献资料，我们发现畲族人早期使用"祖担"，而非祠堂。

丹桥钟氏祠堂记

佳阳乡宗（钟）①氏祠堂，坐落在闽浙交界的鹤顶山脉之佳山山脚之下，佳阳乡所在地。丹桥村地处沙吕线公路中段，背依龟蛇二山，面朝国家级风景名胜区太姥山，是个风景优美名胜之地，古人有咏我丹桥祖地："乔水涓涓流芳远，佳山绵绵集庆长。"

本宗祠堂始建于清嘉庆十六年（1811年），是族贡生鸣云，字良弼，与其侄起程（福宁府候补同知州府试贡元第一名）为纪念第十六世祖士田公从福鼎白琳镇新丘同子来迁丹桥为肇基之地，以第十四世祖良贤公为始祖，创建了一楹三榈二巷的宗祠。当时以雕梁画栋，砖木结构。

一九六七年，"文革"运动时以"破四旧，立四新"为由，以致祠堂惨遭拆毁。公元一九七九年，有重建宗祠的愿望，但由于多种原因，最终半途而废。族中诸贤者以祖宗不可一日无安身之处为虑，故于一九九二年春，以厚扬等数十人提出倡议，联合各房伯叔兄弟，共同议筹资金，重建宗祠。于公元一九九三年春，在原祠址用钢筋混凝土建成了现在这座一楹五榈的宗祠，外设门楼围墙，内设神龛。愿此后子孙昌盛，甲第鸿延，是余之所望厚也。是为记。

公元二〇〇五年岁次乙酉蒲月

十三世孙敦田谨识②

---

① 此处"宗"疑为"钟"。
② 陈先奖梓辑：《颍川郡钟氏宗谱》，2005年修。

(二)族规家训

世祖圣谕十六条

敦孝弟以重人伦,笃宗族以昭雍睦。
和乡里以息争讼,重农桑以足衣食。
尚节俭以惜财用,隆学校以端士习。
黜异端以崇正学,讲法律以警愚顽。
明礼让以厚风俗,务本业以定民志。
训子弟以禁非为,息诬告以全善良。
戒逃匿以免株连,完钱粮以省催科。
联保甲以弭贼盗,解仇忿以重身命。

宗侄庆英敬赞①

(三)颁定行第

行第小引

粤考钟氏之姓繁昌,散居各处。后之子孙,多有不知行第者。盖有以良为行,以近、以孔、以元、以朝,又有以子、以启、以士、以君、以有、以永、以春、以振、以如为行者,各自支分派别,能不忘祖若宗乎?从而辑之,以序其长幼,列其尊卑,庶无不至倒置乱宗云尔。②

盖闻宗无谱则支派难稽,世无行则亲疏莫觉。历之久远,宗族之称谓湮矣。定而为行,则虽地之相去千有余里,世之相后千有余岁,而一叩其行第,上下尊卑,了如指掌。《书》曰:"若网在纲,有条不紊。"其斯之谓欤!爰(书)本宗志,行第自一世起,排列于左(下)。③

名　行
如世声鸣起学,刚柔敦厚信敏。

---

① 《颍川郡钟氏宗谱》,共和癸酉年(1993年)修。
② 陈先奖梓辑:《颍川郡钟氏宗谱》,2005年修。
③ 《颍川郡钟氏宗谱》,共和癸酉年(1993年)修。

源远乃尔毓秀,久长自是兴昌。

字　　行

国朝大开文运,时怀翼赞振扬。
继承思存作德,传衍定克荣宗。①
百振成圣君启文天国子建大学义秉维
思希祖德应运中兴云矵继世丕显家声②

(四)撰写传赞

钟翁瑞凤序

　　钟翁瑞凤者,其先莒溪人也。后从松山,以货殖起家。所操业为醯酱盐梅之事,调和依法,配制合宜,市中无出其右者。而其买易公平,不欺童叟,以故乡之人争向往焉。由是财源渐裕,权子母而日就丰赢。

　　生平慷慨好施,凡地方义举,竭么钱,壮贝之,无少吝。尤善取③,日里中有嫁娶丧葬以及大小诸事,往问之,辄留心选择,不受其贽,为人亦复端严正直,古道照人。

　　岁癸酉,吾辈共举为乡饮宾,郡学广文戴公赐"宾筵重望"四字匾额,乡里荣之。子一孙三,均训之以义方,亦能世其旧业。至今优游杖履,颐养天和,寿登古稀,精神弥复矍铄。天之福翁,正未有艾也。光绪纪元之岁,因纂修家乘,其子若孙,索序于余。余不揣固陋,爰书数语,以志其梗概云。

光绪元年(1875年)仲春月穀旦
通家侄禀生湘舫朱景新拜撰④

钟公字学顺传

　　钟公字学顺,讳泰,凤洋人也。年十三丧父,时家极贫窘,郎知勤苦力耕,书则操作,夜习地理之书。

---

① 《颖川郡钟氏宗谱》,共和癸酉年(1993年)修。
② 《颖川郡钟氏宗谱》,共和癸酉年(1993年)修。
③ 此句文意不明。
④ 《颖川郡钟氏宗谱》,共和癸酉年(1993年)修。

弱冠后,兼事经商,其方不一,尝采药以上姑苏浙宁等处,风霜辛苦,莫不备尝。所藉以获利者,惟卖茶为最,故迟暮春秋,犹念念不废其业。当时居积渐几饶裕,造先人之坟墓及身之寿域者三,构舍宇二十余橺(间),置山园田亩,费金约有数千计。如公可谓善于兴家干造矣。且善卜地,为人造葬,悉本实心出之。所下之地,莫不安吉允藏。乡邻有争斗者,出鼎言为之排解,处息更仆难数。生平佩俭慈以为宝,教子训以义方,古心古貌,慎行慎言,笃厚谦恭,仁义忠信。内则亲乎九族,外则睦乎乡邻,广缔友朋,不负同心金石之雅。其处己待人,固非庸庸者所能企及也。尤可美者,堂开五世,子六孙十,次孙入泮,一堂团聚四十余人。

杖乡而后,时酌自斟,兴至则水滨垂钓,优游以乐。其天年寿享古稀,有八子孙克世其为善之风,公诚人中杰也。古人云:"修德获报,垂裕后昆。"吾于公见之。翰所居不远,素稔其行谊,不禁援笔以志其梗概云耳。

时大清光绪二十四年(1908年)岁在戊戌孟冬月榖旦

眷侄庠生吴登翰拜撰①

肇修公行实

公名大森,字奉璋,别字肇修,号列卿,平之桥墩人也。幼时好学,凡诗词歌赋,亦曾诵习。其先大父逝世,其先大人又不喜理家政,于是弃儒就商,无暇求学焉。其经理家务,井井有条,尤少年而老成者。昆仲三人,公居长,援例授国学生。生平又好行善举,凡地方有公益,公毅然提倡,相兴有成,如桥墩之重修豊安桥,建筑杨府庙,修镇西寺等是也。至社会中有事祈祷,无不踊跃乐从,兴董其事。乡里间有因事起衅者,尤为竭力排解,是以远近之人,莫不耳其名而许其为君子人也。

闽侯清进士钟大焜,欲修辑总谱,委公以遍查通考,公以不胜跋涉辞。其季弟肇元,幼时偶辍读,即督促其就学,不使稍有荒嬉,其培植若严师。后应童子试,得列前茅入泮,谓为父师之功也可,谓为兄长之功也亦可。

---

① 《颍川郡钟氏宗谱》,共和癸酉年(1993年)修。

民国己未，余忝任松山教席，兴公有葭莩，亲见其辑修族谱，采访生庚，无不身为直接。阅数月而谱帙告竣，其热心于敦宗睦族，可谓至矣。今则年逾周甲，精神矍铄，体格无异壮年，而又幸其孙曾绕膝，四世一堂，真所谓天伦之乐事者也。余因课余之暇想，慕其为人，爰不揣谫陋而述其梗概如此。

时民国八年（1919年）岁在己未孟秋月穀旦

姻晚生润玉、蓝蔚青顿首拜撰①

莲溪先生行实

先生氏钟，浙平南港桥墩人，名肇元，字莲溪，别号亦颐。尊甫曰庠，公举丈夫子三，先生其季也。

幼而岐嶷，读书便异常儿，所从塾师器之。年逾舞象，负笈于林燦山。明经门，学作文章，有机有致。不数月，文境大进。阅三载，应府县试，间列前茅。院考虽不利，泊如也。年十九岁，潘学宪按临，蒙备取以面试，错写题目见遗。时未遇，无如何也。

先生学不少懈，历授业于朱徽卿先生，复从广文王叔盟往游。制艺愈工，俊逸清新，一洗浮嚣之习。当邓仲华拜衮之年，受知于督学陈公，取进县学第四名。当时二尊人康强无恙，而后喜可知也。先生志犹未慊，至光绪庚子辛丑，恩正并科。②

玉山先生传赞

义堉，字玉山，平南凤池人焉，清处士也。天生美质，学富策名。清季科甲废，学校兴，虽无攀桂，才高满腹。出言有章，行事徽猷，名扬遐迩。事亲孝，若会姜（诗）③，晨昏尝进鲤肉。尚简朴，勤西席，良医著手。建大厦，置腴田，筑父坟，和寿域，儿孙绕膝。尝为人排解，乡有巨细事不决，得公至，片言立判，群相致谢。寿将杖国，矍铄强康。有志相修谱牒，孟子所谓一乡之善士，公不出其右焉。

戊戌年（1958年）穀旦

---

① 《福鼎佳阳双华村钟氏宗谱》，民国八年（1919年）修。
② 《福鼎佳阳双华村钟氏宗谱》，公元戊戌年（1958年）修。
③ "会姜"，疑为"姜诗"。

鼎邑梨山庄子文拜撰①

焕文先生传赞

秉煊,字焕文,鼎东之桥亭人也。天性和乐,髫岁好学,能诗能文。学校兴,轻文而重于农商。夙兴夜寐,积谷翼翼,采购香菸(烟)②瑞草,运省售沽倍息。建摘星,置美田,筑父坟。尝为人解纷排难。鸾胶蓝孺人,殷勤持家。儿孙绕膝,寿登天命,强康若半甲不惑之壮。而倡首谱牒,跋涉险远,辛苦备尝。与余往罗阳图购褚,先生被拘留而立日将回③。贻以后人,尤能尊祖敬宗之志。一乡之善志,非公其谁也。

戊戌年(1958年)

鼎邑梨山庄泽生拜撰④

辅仁宗叔老先生赞

庆文先生名策,字辅仁,清之国学生也。少时慧而好学,时方舞象,已略解夫诗书。为处境维艰,辍学服贾,遂以经营起家,几几乎卫公子荆苟合苟完矣。生平温和正直,宽恕谦恭,时常唾面自干,娄师德何惭览士;解纷曲当,鲁仲连真是先生。兴至,或寻雪里之梅;友来,常剪雨中之韭。可谓有道规模,无瑕品望矣。民国乙卯(1915年)秋,倡修家乘,为保族计,又应总甲之选,务使国民同心团体,为保国计,即所以保身而保民。其识见亦大矣哉。

宗侄庆英敬赞⑤

---

① 《福鼎佳阳双华村钟氏宗谱》,公元戊戌年(1958年)修。
② "菸",同"烟",异体字。
③ 此句文意不明。
④ 《福鼎佳阳双华村钟氏宗谱》,公元戊戌年(1958年)修。
⑤ 陈先奖梓辑:《颖川郡钟氏宗谱》,2005年修。

三、族谱与社会秩序

(一)族谱与社会历史

族谱文献中有大量反映当时历史现实的资料,这些资料具体而翔实,对研究当地历史文化具有重要的价值。

释明番字义

国朝乾隆二年(1737年),奉闽省督抚督宪郝卢具奏,普天之下,最善良者莫番民若也,男耕女馌,恪守法纪,其风俗近古。奉旨命下,绘书番民图册进览,仍准番民不编丁甲,免派差徭,循例古法,勒石铭禁。

十七年,又蒙查明番字义。历朝来广东、广西、江南、江西等处,皆有蓝雷钟李散居处焉,服贾力田者有之,登科第隶仕籍中者有之,未见有番民二字名邑,惟福建、浙江固有番名之称,番客之号不知其何谓也?而字书不载番字,惟字典内有番奢二音,释为三岁治田曰番奢,又曰火种也,其义近农民。命抚督部院查核,抚督部院召问老叟,雷有金云:"开山为田以供赋税,高地无水之处栽种山苗。山苗,我们所谓奢禾。该地邻人因我们业种奢禾,遂称呼我们曰奢客,如今之采茶人俱称曰茶客一类。世人不识其义且不知来历,以猜疑我们往古之日大抵从番而入,捏造入番二字,合朗读畲字以是云耳。"奉大宪勒石,永禁示谕,建立平阳县衙门首。特授浙江温州府平阳县徐为恳天,一视同仁,恩准照例禁事抄。蒙分巡温兵备道加三级刘于康熙三十六年(1697年)十一月十七日奉闽浙总督部院郭批,据平阳瑞安县番民雷起定、雷文显、蓝文贵、雷阿七、钟宗法等呈称:"定等番民,系出高辛之后,赐姓敕居各处,开山为田以供赋税,不编丁甲,不派差徭,历朝成例,各省皆然。前蒙示禁,一切差徭夫甲以及采买等项,番民概行永免。但法久弊生,瑞平各都里堡地棍阳奉阴违,每多藉端勒索,稍拂其意,郎(即)①行捏词告害,以致穷番迁徙流离,山田荒废,国赋无归。现在闽省连江、罗源、侯官

---

① 此处同前"郎"疑为"即",后同

等,蒙俱示严禁,勒石永革,番黎得安耕凿,叩乞大老爷准照例禁,勒石永革,以苏番困。奉批温州府查报,遂蒙檄行二县,瑞平会同确查看详。蒙道宪批,仰候核转檄。十二月十九日,蒙道宪牌唤,定等赴辕询明以便转详,覆院定夺,随郎(即)禀明始末情由,悉蒙转详督宪。三十七年(1698年)二月十八日,蒙批如常,出示严禁,仍饬勒石永革。二月二十四日,蒙道宪颁发告示一道,仰平阳县官吏准照,发下告示一道,张挂前仍将示内,饬事理勒石永遵,郎(即)刷牌模二纸呈送,毋违等。因蒙批,遵备前情,勒石县前。嗣后如有各都里堡地棍,仍前藉端科派番民丁甲差徭以及采买杂项者,许郎(即)指名呈控,重究以凭正法施行,断不宽贷。各宜禀遵毋违,特示。

康熙三十七年(1698年)五月十六日给奉平阳县周,重勒石牌,永禁示谕,亦建衙门首。署浙江温州府平阳县正堂,加五级,纪录十次,周为循例晓谕示禁事。据番民雷向春、钟子评、雷文锦、蓝士嘉、李子远等呈称,身等蒙前代高辛氏赐姓蓝雷钟李四姓,迁居各处,开山为田以供赋税,各省皆然。现在连江、罗源、宁德、福安、霞浦、福鼎、景宁等县均各勒石示禁,不许里堡地棍藉端索扰,身祖雷起定,于康熙三十七年(1698年),因地棍叠次扰害,是以会同瑞安蓝文贵呈鸣督宪郭暨道府二宪,蒙仰前宪徐将道宪颁发告示,张挂并将示内事理勒石永革,庶地棍敛迹,身等俱各安居。因上年杨宪重建头门,将碑移开,未蒙重立。身等恐地棍乘牌未立,仍然藉端滋扰,呈请修建示禁等情投县。据此,除查案准其建修外,合行出示严禁。为此示仰合邑居民人等知悉,自示之后,尔等务宜各安本分,不许扰害番民。倘有不法地棍仍然藉端索扰,许被扰之番民协保指名禀县,以凭按律究治,断不宽贷。各宜禀遵毋违,特示。

嘉庆七年(1802年)八月十七日给①

增修谱序

窃以世界共和,五大洲咸遵一体;君民平等,四百兆合为同胞。欲存强国之谋,先效保家之策。安邦定国,历朝史册流芳;睦族敦宗,奕世

---

① 《颍川郡钟氏宗谱》,共和癸酉年(1993年)修。

谱书。赞美家国,原同一理,史谱无异二端。史纪世家,法遵司马;谱分昭穆,例仿欧苏。故国之所以有编史之名,而家安得无修谱之义?若我平桥墩钟氏者,颍川故郡,瓯海名宗,派衍闽源数百载,宗功丕著;支分浙水十余传,世泽犹新。既源远而流长,且根深而木盛。况履枝交叶,其中错节犹多;包渎总川,此外支流不少。倘弗增以梨枣,曷犹比夫葛藟?用是采访生庚,挽肇修以汇纂;编成图纪,延吾辈而重刊。修辑新篇,再翻旧简。序班班之玉笋,鳞次无淆;联继继之云礽,雁行有定。第虑肇修诸君,程工草创,漫事鸦涂,吾侪依稿校刊,莫详鱼鲁。然宗规整肃,固无惭述德之谋;家乘翕皇,聊足表扬休之寄。是为序。

时中华民国八年(1919年)岁在己未秋月穀旦

南港渡龙实卿萧凤初拜撰①

(二)从族谱看乡土社会秩序

族谱的凡例虽是为了规范地编纂族谱,但我们却可以从中看出当地乡土社会中家庭成员关系的尊卑等级、婚丧嫁娶的基本礼制等社会规约,直观地为我们展现出了当时的乡土社会秩序。

凡例一

——谱内遇有先代名字犯庙讳御名者,恪遵功令,恭缺末笔。圣讳则加耳旁以昭敬避。至现在命名有犯者改之,余或代以他字。

——世图仿眉山苏氏,大小宗法世纪仿庐陵欧阳氏。年表宋世之为谱者甚多,虽二公之法最良,又不如大书分注,俾观者了若指掌。

——支图以五世为一图,起于高,迄于身,取五服之义。五世一提,九世再提,承上启下,脉络贯通。其间行之直下者为父子,行之朋列者为兄弟,长房居先,次房居后,雁排不紊。

——祖居必志地名所在,或有迁移异地者,名下注移居某处,以便查考。

——过房者于本生父支下载出嗣在所,后父支下书嗣子,螟蛉者书养子,随母者书继男,无后者书不传,少亡书早逝,童子书殇。悉用红

---

① 《福鼎佳阳双华村钟氏宗谱》,民国八年(1919年)修。

线,脉络牵联,间有注明,亦不至于异姓乱宗。

——谱订为图甲相联,名曰大书,分注其中,名讳、字号、配氏均一一载明。有品行端方,事功足录及青年守节者,宜附于传而表旌之。

——葬地必纪都邑地名,坐向分金,或有小辈同葬,则曰附葬某公坟。

——正娶曰原配,再娶曰继配,妾书侧室。有改适者,则曰配某氏,改醮。凡有生育者,则填于本氏之下,男先女后,以别嫡庶之分。盖女不列生卒者,夫家事也,兹不必书。

——谱内有名讳相犯,亟宜易之。既登碑志,仍从之。

——族谱共印大总谱五部,房谱八十一本,分与各派。子孙宜其珍重修藏,以防不虞,又当时加修辑,故龙门子曰:"三世不修谱,罪同不孝。"为子孙者慎之。①

凡例二

——谱内遇有先代名字犯庙讳御名者,恪遵功令,恭缺末笔。圣讳则加耳旁,以昭敬避。至现在命名有犯者,则改之,余或代以他字。

——是谱仿欧苏二公式,冢子则直书而下,介子乃依次雁排。支图以五世一提者,明五服之义也。再提者,前图第五世为后图之首。苟继此而修之,虽百世可知也。

——谱中书字书讳及移居葬处,易晓也。生子必先书男,而后及女。盖男事宗祧,立我门户。女适他姓,虽长必后也。但今实行计划生育国策,废除重男轻女之陋俗,生女亦可承嗣矣。谱内均用红线,并无朱黑之分,取其古也。过房者书嗣子,螟蛉者书养子,随母入继者书援子,名下一一注明。

——妇无尊制之义,其配氏生卒宜附属于夫之左,以妇统于夫,从一而终也。若青年失偶,励节可嘉者,则另立传以表之。若夫死而出祇,书某氏除削,去生庚履历,以示不能守志焉。

——继承之道,古有定规,如兄弟无子,宜用兄弟之子入继,次及本房,次及别房。由亲及疏,以杜混承之弊。

① 《颍川郡钟氏宗谱》,共和癸酉年(1993年)修。

——族谱共印大宗谱四部,房谱二百余本,分与各派子孙。宜其珍重收藏,以防不虞,又当时加修辑,故龙门子曰:"三世不修谱,罪同不孝。"为子孙者慎之。①

谨将智仁圣义中和友任恤九房分徙州里
良贤公迁平象源内金岙连吴家溪。
启善公迁桐山往垟。
永福公迁鼎邑二十都王家洋马鞍山。
士田公居鼎邑二十都丹桥。
德勤公居王佳洋牛埕贡。
法赵公居鼎邑王家垟董家坪。
士桂公居十一都长岗。
永盛公居鼎邑十八都周山。
法生公居泰顺、雅杨杉、□臭贡。
其亮公居福鼎十五都柘头境。
君元公居霞甫四十五都过洋。
伯朗公居福鼎十四都店头。
近法福安派文采居盐田贰杨里。
本宗祠堂坐落二十都丹桥右边祖坟脚,坐丑未兼癸丁分金。②

四、族谱与乡土艺文

(一)诗 文

念尔祖宗德泽深,名垂万古受封荣。
原为前朝除匪寇,莫将券牒视非真。
亨镇名山多乐趣,何烦鸟语动幽情。
自从敕赐恩高厚,世代相承及古今。③

---

① 陈先奖梓辑:《颍川郡钟氏宗谱》,2005年修。
② 陈先奖梓辑:《颍川郡钟氏宗谱》,2005年修。
③ 《福鼎佳阳双华村钟氏宗谱》,民国八年(1919年)修。

联络宗支启后昆,分流万派总同源。
松萝洽比光先德,葛藟绵延固本根。
脉络分明条析缕,亲疏胪列子联孙。
摊来卷牒殚精力,莫把尊宗等闲论。①

附七律一首

方成谱牒集群公,世代流传一姓同。
俾炽本支昭与穆,用光先祖德和功。
居乡丘墓详图外,讳字年庚列卷中。
门第家声从此振,克昌厥后不忘宗。
裔孙起珍重撰②

万派宗支臭味同,撰成谱牒乐重逢。
寻端竟委千年计,探本穷源一线通。
昭穆分明谁敢紊,亲疏咸列统于中。
重修犹觉将来事,墨沈于今识老翁。
裔孙妙选良材敬撰③

造就家乘启后昆,分流万派总共源。
绵延瓜瓞光先德,攸叙彝伦固本根。
脉络昭然条析缕,亲疏识别子联孙。
摊来卷牒殚精力,莫把尊宗等闲论。
大清道光十九年(1839年)仲秋之吉。
儒童起程敬撰④

又咏单桥祖地形势七律一首

福鼎婉䲜⑤落脉超,佳山葎翠势岩峣。

① 《福鼎佳阳双华村钟氏宗谱》,民国八年(1919年)修。
② 《颍川郡钟氏宗谱》,共和癸酉年(1993年)修。
③ 《颍川郡钟氏宗谱》,共和癸酉年(1993年)修。
④ 《颍川郡钟氏宗谱》,共和癸酉年(1993年)修。
⑤ "婉䲜",或为"蜿蜒"。

起犹紫盖翻云汉,伏似潜龙卧海潮。
百亩芳塘开一鉴,半规横峤护单桥。
天荒蕴蓄今初破,为问前程近也遥。
时大清道光十九年(1839年)岁次己亥仲秋之月穀旦
裔孙犀鸣云敬撰①

颍水源流如许清,摊来谱牒识群英。
文昭武穆彝伦叙,弟后兄先世次明。
讳字年庚咸胪列,尊卑老幼俱分呈。
自此门闾欣重整,簪缨万代庆锵鸣。
裔孙学晋拜撰②

从来世系本休讹,其奈甘抛家乘何?
试看汾阳人去后,只今笑煞郭崇韬。
裔孙学旋谨志③

狄青何不附梁公,只为源流有未同。
若使当年文献缺,恐教失却旧家风。
裔孙学晋谨志④

藐躬生幸太平时,谱帙未修最系思,
莫学崇韬忘己祖,盘匏以降即宗支。
裔孙鸣登谨志⑤

阀阅勋名次第登,彝酋冠带更堪征。
须知此义齐梁贵,莫略根源乱祖曾。

---

① 《颍川郡钟氏宗谱》,共和癸酉年(1993年)修。
② 《颍川郡钟氏宗谱》,共和癸酉年(1993年)修。
③ 《颍川郡钟氏宗谱》,共和癸酉年(1993年)修。
④ 《颍川郡钟氏宗谱》,共和癸酉年(1993年)修。
⑤ 《颍川郡钟氏宗谱》,共和癸酉年(1993年)修。

裔孙起洲谨志①

万派原归一本同,宗功祖德系思长。
且看旧牒经新梓,千载了如指掌中。
裔孙起义谨志②

世系昭然炳目星,定将甲乙列班行。
支分派别源流远,披帙方知一本情。
裔孙学胜谨志③

欲修谱牒莫辞艰,不历艰来那得闻。
今日条分并缕析,后人休作等闲看。
裔孙刚印拜志④

负暄且莫说轩义,数典分明忽之□⑤。
排列字行稽葬配,能光家乘是男儿。
竹林李荣秀拜题⑥

律吕分吹姓氏彰,各传家乘有辉光。
南冠有曲徵音续,北极无元法派脉。
长水高山期百代,银钩铁书迈诸王。
名门祖德绵孙子,此谱堪于玉牒方。
蒲门庠生政三郑培英⑦

---

① 《颍川郡钟氏宗谱》,共和癸酉年(1993年)修。
② 《颍川郡钟氏宗谱》,共和癸酉年(1993年)修。
③ 《颍川郡钟氏宗谱》,共和癸酉年(1993年)修。
④ 《颍川郡钟氏宗谱》,共和癸酉年(1993年)修。
⑤ 此处疑有漏字。
⑥ 《颍川郡钟氏宗谱》,共和癸酉年(1993年)修。
⑦ 《颍川郡钟氏宗谱》,共和癸酉年(1993年)修。

又附七律一首

自古风华出异方,任寻梓里立纲常。
千山跋涉何惮远,万水周游岂嫌长。
瓜瓞绵延昭祖德,松萝洽比迪前光。
今成谱牒敬如在,奕世儿孙俾炽昌。
裔孙声高谨撰①

家乘由来贵析详,程门旧训最堪尝。
本源我溯高辛氏,谱学何须羡盛唐。
裔孙起勉拜志②

家乘曾经数十传,琴音知遇想当年。
而今顾曲知谁是,玉札瑶珰寄郑虔。
裔孙起舞谨志③

采尽年庚与墓图,各寻世系各无虞。
他年孙子思遗迹,休索胸前记事珠。
裔孙学信谨志④

(二)楹 联

御赐联诗

功建前朝帝誉高辛亲赐姓,
名垂后裔皇子王孙免差徭。⑤

---

① 《颍川郡钟氏宗谱》,共和癸酉年(1993年)修。
② 《颍川郡钟氏宗谱》,共和癸酉年(1993年)修。
③ 《颍川郡钟氏宗谱》,共和癸酉年(1993年)修。
④ 《颍川郡钟氏宗谱》,共和癸酉年(1993年)修。
⑤ 《颍川郡钟氏宗谱》,共和癸酉年(1993年)修。

光前需种儿孙粟，

裕后还耕祖先田。①

(三)祠　图

祠　图

凤山原有祠址，与南京一脉相连。因世远年湮，祠宇倾圮，祖灵未妥。今族众捐资，将凤凰山旧址重建祖祠。其祠坐丑山未向，计直二十四丈，横十八丈，前至雷家坊，后至观星顶，左至会稽山，右至七贤洞。四至开具明白，以为盘蓝雷钟四族永远同据。②

---

① 陈先奖梓辑：《颖川郡钟氏宗谱》，2005年修。
② 《颖川郡钟氏宗谱》，共和癸酉年(1993年)修。

秦屿《丁氏宗谱》中的地方社会文化

严 丹

族谱记载了一个以血缘关系为主体的家族世系繁衍发展,以凝聚族群认同,通常会追溯家族历史,记录重要人物事迹,族规族训等。丁氏是秦屿地区重要的族群,对该地区的发展贡献着自己的力量。在秦屿丁氏的宗谱中,保存了不少记录其家族移居历史、宗族建设以及社会发展的珍贵文献。

一、族谱与地方历史构造

(一)丁氏源流

丁氏世系序

丁之得姓,自太公望之子伋始。《传》曰:"丁公世美。"郑渔仲曰:"以天下之次而为氏也。"但阅数千余年,更易数百余世,典故荡尽,欲一一求其不可稽之祖,不亦诬乎?孔圣序《书》,传自唐虞,本有据也。

余家从福建而徙浙东,曩尝回稽谱牒记载,昭然有条不紊。在闽开基之始祖讳谨,字慎思,号节斋。好聚书,人称为聚书公。始由姑苏入泉,居于陈江。迨至五世,三房鼎立,支派日蕃。长房毅庵公,子孙居守其地,固无论已。二房自诚斋公传中斋公,其子曰囻,于宣德间经赤岸来平,又德征公子曰年芬,省姊到温,寄居平阳松山。三房英杰公,至八世元高公,讳腾,生子二,长曰侯,居雷州;次曰伯,居温州。康熙己未年,我曾叔祖万乘、万庆兄弟从浙江总督标下中营中厅入泉,援剿协防陈埭筑寨,到祠阅祖庆,居千总乘,居把总。庚申年二月,两岛平,从军回。余思自明以及国初,离族百余年,归叙世系,考其宗祧,乃曰十三世孙,此固足据也。但迁徙以来,圆公、伯公与年芬公陆续来温,共住一处,创业贻谋,固期世守勿替也。讵意我朝启运初年,海氛山寇,不时侵扰,族人俱散,处于四方。

洎乎承平之日,始归故土,旧谱淹没无存,祖考祖妣生卒配氏仅得其略,未得其详。所知者为本邑三十六都桥头墓地中为始祖,谥斋公,在浙植基著代,不愧昆阳巨族也。左为大燕公、二燕公,右为三燕公、四燕公,兄弟派也。是为二世祖至三世支分派别,无暇缕述,惟此三墓通族所同。溯自康熙己巳年,高曾伯叔辈议立祭祀成规,定为八大房,细分之,为二十四房办祭。每年三房轮流,八载一周,房分配搭亲疏相视一体,敦本睦族之道应如是也。所有田围基地、店屋山场、古额若干,后增几许,坐处四至,国课租项,未经载明。恐历年久远,一旦契券札据失守,将何所凭,保无豪强得以兼并懦弱,因之不存乎? 于是合族会议,嘱余立序汇簿八本,收贮执照,庶乎尔知,而我喻此失而彼存,后嗣继起而兴,可无虑查稽之无据矣。事关继往开来,莫重于此,余也不揣固陋,用综其本末以志之。

嘉庆十五年(1810年)岁在庚午孟夏月

书于双溪精舍①

丁姓回族源流

七百多年前,我们丁氏回族先民踏着"丝绸之路"自阿拉伯国家而来。他们带(着)善于经商的能力,带着伊斯兰文化,在中国与博大精深的汉文化握手和对话,终于见证了世界上这两大古代文明的交融结合,一个崭新而独特的族群形成——丁氏回族。

丁氏回族始祖名叫赛典赤瞻思丁(1211—1279),伊斯兰教创始人穆罕默德直系裔孙("赛典赤",音译,是对教主穆罕默德及其后裔的尊称,意为有荣誉的贵族)阿拉伯穆斯林人,是元初著名的政治家。辅佐元朝治政,官拜平章政事,行省云南,平定萝槃(今缅甸)之叛乱有功,被

① 《丁氏宗谱》,1984年重修。

元朝廷追封为咸阳王。其子赛典赤纳速拉丁(1230—?),在元朝廷为官,拜平章政事。其孙赛典赤乌马儿,被元朝廷任为泉州市舶司提举重要官员。其后,乌马儿留居泉州。

丁姓虽以赛典赤瞻思丁为始祖,但瞻思丁本人未到泉州,其孙乌马儿始定居泉州。故陈埭丁氏族谱均以乌马儿(丁谨)为泉州陈埭丁姓的始祖。

陈埭一世祖赛典赤瞻思丁乌马儿,赛典赤瞻思丁之孙。汉名谨,号节斋。生南宋淳祐十一年(1251年),卒于元大德二年(1298年)。定居泉州城南文山里。

中世纪的泉州开放、繁荣,世界各族人士纷至沓来。其中以阿拉伯国家穆斯林人数为众,他们在泉州或为官,或经商,或传教。陈埭丁氏始祖丁谨正是这一时期入泉经商的穆斯林商人,经过数代辛勤经营,丁氏祖先为泉州富甲一方的名门望族。

陈埭二世祖赛典赤杜安莎,汉名嗣,号述庵,生南宋咸淳九年(1273年),卒于元大德十一年(1307年)(据马坚译的泉州阿拉伯墓碑文)。

陈埭三世祖丁夔(音葵),号硕德。生于元大德二年(1298年),卒于明洪武十二年(1379年)。改为丁姓,自三世祖硕德开始。

元末,江南大乱,泉州色目人(元代称回回为色目人)大遭追逐,乃匿名僻处,改汉姓曰"丁"氏。盖取其始祖赛典赤瞻思丁末一字为姓也。自此,色目人与赛典赤瞻思丁之子孙,皆改汉姓。据丁姓回族调查组考证资料,在福建浙江各地的回民有金、丁、夏、马、郭、葛等姓。各地改姓,稍有前后,非陈埭一脉独然也。然陈埭回人改姓,当自三世祖硕德始。

陈埭四世祖丁善,号仁庵。生于元至顺二年(1331年),卒于明永乐十八年(1420年)。四世祖丁善携带家人,始迁陈埭。

明朝初年的对外政策一改前朝的兼容并蓄,排外风潮鹊起。四世祖丁善在其妻的劝导下,携带年迈父母,选择了泉州湾东南畔的滨海乡村陈埭,将大部的商业资本转为农业资本,既实现了汉文化以农为本的经济转型,又避免了家族财产受排外风潮的袭击。为在恶劣环境中生存,丁善率众与当地人整修水利,开垦荒滩,改荒僻的土地为可爱的家园,最终以其坚韧不拔的群体精神获得周边汉人的认同和尊重。

陈埭五世祖(丁善之子)有三:大长房名妈保,居住在陈埭花厅口;

大二房名观保,号诚斋,居住在岸兜;大三房明福保,居住在江头。

丁氏祖先入泉州居陈埭,与汉人通婚,转商为农,在形式上、思想上、象征仪式上接纳了汉文化。而与此同时,丁氏祖先又将回民族的隐喻留在陈埭丁氏祠堂的建筑中、泉州灵山的墓群中和人们的传说中。在与汉人的接触、互动和交融,丁氏家族不断充实和壮大,从而形成一个汉文化和伊斯兰文化的交织发展的独特群体——丁氏回族。子孙繁衍,逐渐成巨族。

丁氏回族人才辈出,明清时期进士十四名,举人二十四名,闻名遐迩。丁氏名人灼灼风采,他们或兢兢业业,为民兴利;或才华横溢,著书立说;或抵御外侵,保家卫国,为中华民族的辉煌历史添写了精彩的一页。

七百余年来,陈埭丁氏回族继承祖先开创的业绩,不断发展壮大,而今衍居海内外各地。据调查,浙江苍南,福建福鼎、福安、福清、同安、南安、惠安等丁姓回民都是来自陈埭。丁氏回民的足迹还广泛散布于港、澳、台以及菲律宾、泰国等东南亚各国。

永乐二年(1404年),陈埭六世祖丁龙,号云卿,由陈埭辗转迁至福鼎佳阳乡丁家坪、东章,为丁家坪丁姓一世祖。

陈埭七世祖丁远,号谧斋,生永乐十三年(1415年),卒弘治元年(1488年)。是中斋长子,从陈埭迁浙江苍南桥墩后隆,为后隆丁姓一世祖。

秦屿是福鼎最大的丁氏回民聚居点,从清顺治至光绪年间的两百多年间,相继从陈埭迁居秦屿,详列如下:

顺治年间:十世祖象江公首迁秦屿打水岙,十世祖(世发公之曾祖)迁居秦屿后岐。

康熙年间:十三世祖莲英公迁至秦屿打水岙,十四世祖克正、克生、克旺公三兄弟由陈埭龙岫埭迁居秦屿后岙。

乾隆年间:十四世祖颖哲、颖翁二公迁至秦屿打水岙,十六世祖君默公、光来公,十七世祖愧亭公、士卿公迁至秦屿街尾。

嘉庆年间:十八世祖进安公,十九世祖士庆公迁居秦屿街尾。

道光年间:十七世祖得兴公,十八世祖协公六兄弟、寿昌公、寿桃公、太极公,十九世祖亮吓公、仕玉公等迁居秦屿街尾。二十世祖章公,自陈江五保潭迁居秦屿三角埕。十八世祖光雄公、成九公分别迁至店

下三门台村与秦屿巨口村。

咸丰年间：二十世祖光声公迁至秦屿街尾。

目前，不知何时迁至秦屿的尚有殿公、桃阿公、朝金公、客公等四房。待考证。

福鼎城关丁姓回民之祖先来自泉州陈埭丁姓子孙，于嘉庆、咸丰年间迁来到桐山水北溪、三满、浮柳洋岭边。白琳车洋、牛埕仔、沙埕大白露、白露坑等处的丁姓回民之祖先皆来自苍南桥墩、后隆，沙埕街的丁姓回民则是直接来自陈埭。

笔者水平低，资料不足，目前只能依据现有资料进行分析，记其大略。殷切希望热心研究回族历史的宗亲，继续收集史料，予以充实。

第廿二世孙丁锡洲整理

公元二零零六年春①

（二）徙居繁衍

厚隆丁氏宗谱序

史有阙文，家之有谱，犹之史也。阙其疑，斯信而有征焉。丁之为氏，或曰齐丁公伋之后传，所谓君出自丁是也，然而辽矣。

余读丁氏谱录旧闻，系其先衍夏公所纪，溯其家世所由来，有云由赛典赤回瞻思丁，其语颇难通晓。后阅李氏《因果录》中载《将官章》有曰赛典赤瞻思丁，回人也，仕元官拜平章事，国言赛典赤，华言贵族也。瞻思丁为将宽仁，抚绥云南，而萝槃城悉降。其卒也，百姓巷哭，交趾来奠。有五子九孙，厥后贵盛，由元迄明，支族散处于四方。去夷姓而以末字为氏，未可知也。衍夏公云，此纪得诸从祖毅斋公所遗手书而证之，以《因果录》之说，且说毅斋公去瞻思丁之征萝槃仅百余岁，其时未远，言必可据。然而世系究无得而稽焉，故丁氏之由苏入泉也，则惟以节斋公为始祖。前则阙之而已矣，其迁陈江也，则自硕德公。其分三派也，则自仁庵公。其从闽而来斯土也，则诚斋公。之后曰谥斋公，实为今厚隆之始祖焉。夫不经离乱，不知升平之乐也。丁氏居此五世，而荡

---

① 《丁氏宗谱》，2006年重修。

于寇氛,数侵被掠,无以为生。后遭闽耿之变,仇家构难,幸而得免。故自五世六世,其子姓宗属有转徙流亡而不可知者。直至海宇绥平,复我邦族,披荆剪棘,营旧业而居之,以似以续,浸以炽昌。《鸿雁》之诗所云"虽则劬劳,其究安宅"者,可为丁氏咏焉。

今八派繁衍,恐日蕃而日疏也,因讲求乎联宗睦族之道,且恐祖宗之艰难,子孙远而忘之也,则谱牒之事不可不亟矣。丁氏以录自闽以志述者,汇为一帙;以录兹地之世纪者,汇为一帙。而征序于余,余卒读之,知丁氏世善经纪,盖视前代而克承祖志,将见宗祠之建,义训之立。其家世之振兴,方未有艾也。爰综其录,为之序。

道光庚寅年(1830年)阳月
松山姻家世晚生古巢朱凤辉顿首拜撰①

序

据传云,赛曲赤瞻思丁,丁氏回人也。我始祖诚斋公由苏入闽,居泉州陈江。宣德年间,诚斋公子曰中斋,中斋之子曰圆公。圆公经赤岸来平阳松山居住,讵意于启运初年,海氛山寇侵扰我族,致使分散四方,则旧谱湮没无存,惟本邑卅六都桥头墓地谥斋公为始祖。谥斋公,即圆公。该处有三墓,左为大燕公、二燕公,右为三燕、四燕公,皆兄弟派。

康熙己巳年(1689年),创建宗祠,成立义训与修族谱,设祭定规,由是相传至今。所谓国有史、族有谱,自古皆然。在中华共和国一九六零年废历庚子年,桥墩建筑水库治水,不幸中途被洪水冲毁桥墩,全面受灾。我族人暂居山边数载,后因园田耕种不便,仍迁原处住居。咸族亲爱和睦,乐事天伦。录杼一二言以附之。

共和戊申年(1968年)秋月
裔孙锦耀谨志②

述 悬

国之有史,家之有谱久矣。谱者,补也,补国史之不足也。吾于修谱之便,略谈一二,以告后人之重视。自一九七九年正月十九日,闽泉

---

① 《丁氏宗谱》,1984年重修。
② 《丁氏宗谱》,1984年重修。

陈埭恢复回族后，我厚隆亦于一九八零年八月九日继而恢复，且温州瑞安、平阳和福鼎相继恢复。没有谱，书就族历不明，支派不清，辈分乱，迁徙忘，生卒失，婚嫁混等等，谱之重在于此。我族这次恢复回族，如无谱存查，哪有恢复之今日。所谓珍贵文物者，此也。

今补述陈埭四世祖善，号仁庵，子三。长曰妈保，字世隆，号毅庵；次曰观保，字世孚，号诚斋；三曰福保，字世章，号英杰。分为三房。五世祖诚斋公，子四，长恭、次款、三信、四敏。六世祖信，号中斋，住陈埭花厅口。陈埭号曰二房三房，即第四世之二子，第五世之三子也。中斋公生子四，长囵、次囷、三圀、四囮，于宣德初偕长子囵，经赤岸霞浦来平桥墩三十六街定居。生子五，长曰大燕，次曰二燕，三曰三燕，四曰四燕，五曰五燕，号桂山。长、次早逝，三、四于天顺间挈眷移居厚隆，五子守旧业。中斋公回陈埭，葬泉州永林。距宣德初来平，一四三零年至天顺间一四六零年，估计计算就有居在三十六街三十年之久。据谱载，五燕桂山公后继无续，无①守旧业，但不知随父回泉州或守旧三十六街，后另迁他方。又囵公偕一魁公经赤岸来平，一魁公住五岱山丁家坪，转徙他乡。又一魁公逝后，于弘治三年（1490年）十月葬蕉坑，宣德间一四三零年至弘治三年（1490年）已有六十年之久，可能他迁徙不远，或许后裔迁徙之。德征子曰十一世年芬来温省姊，寄居桥墩，是陈埭何房何支，未详待考。又三房公英杰之曾孙讳腾，生子二，长曰侯，次曰伯。侯居雷州，伯居温州。自恢复回族，我曾去函广东有关政府部门及邮局，求询查侯之后裔，没有来复。温州永加场丁姓曾来员带谱查对，载明由平迁去，很可能是伯之后裔。上述三人三次来温共聚一处，历经世乱迁徙，后裔难分，就以辈分统于一牒。此次修谱，福鼎、温州前或无谱，或有谱，亦按辈分加入修造。此皆是同宗之团结所在也。据老谱中房世纪十八页载，继邀公生二子，长名尚先，次名尚蔡，生乾隆四十六年，即辛丑一七八一年，移居绍兴府。自恢复回族后，嵊县城溪白泥丁丁桂焕曾多次来函询及，因无来人来谱，难以查考，以致悬念。

使吾寝食悬挂者，丁氏宗祠也。据载于嘉庆十四年（1809年）十一月廿七日丑时竖柱，两年竣工，费计一千余两白银，造价之巨，工时之

---

① 无，原文为"五"。

久,规模之大。特别值得赞念的是别具一格,建一回字形,以做回族之象征,皆仿构于陈埭祖祠也。可见先世佩珍等诸公之苦心,立志精心策划,再加上全族之同心协力,团结一致精神所创。吾幼儿时戏于祠内,结构规模一一在目。正殿五大间,左右侧各三间,一内庭,一外庭,中一进房,做大门左右各一小门,正殿左侧一厨房,前三间楼房前街道,至一九五八年拆建桥墩戏院。一九六零年秋水库冲毁,现基地全貌仍在,陈埭宗祠于前年已列入省文物保护。吾祠如在,亦早已列入文物保护了。痛哉惜哉!愿望后裔能人继先祖之风,立先祖之志,全族团结,协力同心,树再建之精神,更规模之宏大,勿负我悬。特此鼓励,余愿足矣。

建海拜撰①

二、族谱与宗族建设

(一)修谱缘起

事 机

闻之,上天无亲,惟与善人;福善祸淫,昭报不爽。叠遭蹇运是天将降福也,不可以为欤而弛为善之心;幸逢安乐未必非天将降祸也,不可以为福而忘省恶之念。我族人惟守②其敬慎之念。我始祖自明由闽迁温,聚族厚隆,创业恢基,垂谋燕翼,备尝艰苦,练达人情,不知几费精神,俾至今得有此世业也。

当其榛荆初辟,兵燹迭经,数传而后,坠绪将淹,一线仅存,赖各房诸功祖苦心劳骨,奋志重与遗有义训户,祀租六十袋。自康熙己巳定为八房轮流,至乾隆庚申设法息构坟前店十间,添入祭祀费用。戊申族议停轮一周,八载之中除办公外,添置义增户,田亩计租四十八袋,合古额计一百零八袋。至嘉庆元年,配入轮流,每岁三房,分值各房名下,实收租谷三十六袋,店屋基围山场租项约钱二十八千文,足备清明祭费。不意嘉庆乙丑回禄为灾,桥西店宅悉为灰烬。租既乌有,祭无所兼之,墓

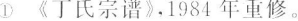

① 《丁氏宗谱》,1984年重修。
② 守,原文为"时"。

庭兜金倾壤。阖族会议停轮三载,于丙寅冬重培基址,构店五间。丁卯复构五间,兜金亦皆修筑。已巳仍照前式轮流,合计租钱将近五十千文。每年拨三十千(文),付值祭供用外,存十余千,泐为公堂修店等费。如是者年陆续增构,至道光癸卯添架楼店五间,总共基地札人架屋者,计店面八间,自架店宅札人者计二十八间,又厕池十眼。

咸丰十一年(1861年),金钱会匪作乱,骚扰平瑞福鼎等处,吾家店门并为毁坏。同治元年,蒙秦镇军剿平后,始行修整完好,租项视昔有加。族人以宗祠未建,于六年春佥议抽租,付余掌理。已巳秋购料兴工,十一月廿七日丑时竖柱。适赤五相公奎星爷开光上香山驾到,辰时上梁;适平阳福鼎二县文武营会啸齐到乡里,咸贺为吉兆。两年功竣,计费一千余。所有侵用,族议将田质偿,每岁清明并祠堂租合算,尚收得租钱二百余千文,无难取赎。讵料同治十一年,因公致讼,方费资财,光绪元年(1875年)十二月初六夜,忽亭边洪铺火起,街衔延烧,吾族众店被毁一空。宵小生心乘机图诈,始则捏名架诬,继则狡唆争执。幸沐县主烛批,通地诸公秉公理论,有案可核。兹以冤宜解不宜结,第叙其略,境遇至此否已极矣。然虽叠被架害,致吾族将石鼻田变弃,而吾之所以焦心劳思,祷天地而告众神祉者,引咎自责,未尝稍谪他人也。幸蒙天心眷佑,锡我祯祥,事既得理,并可以显荣宗祖。二年春,复将顶街头店基三间札人架屋。六月十一日,洪水滔滔并不受害,退后视桥脚,涨坡悉成平沙废地矣。祸福之衡不爽如此,愿我族人其时加修省戒惧,协力同心,庶几债可理,店可构,祠可修,以报祖功宗。

旧谱一律而载二公谒祖事于泉,九世伯公之下而不及囝公事,似谥斋是伯公之号,应以伯公为始祖者。然万乘公是惺夫公胞弟,在平为第七世,从闽泉九世,数则十五世矣,与十三世孙之说不符。至庚寅所修谱,以泉十一世年芬公为始祖。盖以陈江旧谱在年芬公省姊到温,曾居松山,遂以谥斋为年芬公号,故从而祖之也。殊不知,年芬公省姊乃天启间事,当其时吾族长房已七八世,证以一魁公于弘治三年(1490年)十月葬蕉坑之墓碑,其为差谬,不辩自明。惟囝公、伯公之说,余尚不能无疑焉。囝公或为宁公,温语囝、宁同音。或传写之误,或乳名囝,而榜名宁,姑勿具论。第代符而闽谱不详,与伯公详闽谱而代隔两世,均难为信史。则意万乘公为囝公之后,万庆公为伯公之后,万象公为年芬公之后,三祖前后来平共居一处,后徙各地未可知也。

余承族人命,纂修谱牒,稿成已久,以祖名未确,未敢遽付剞劂。凡三呈稿告祖,乞为指明,寤寐之间,迄无所得,还以天伦大事就衷于心,恍有告余者曰疑则从阙。但以谧斋公为始祖可也,不必指其名也。实之,爰仿诸家辟谬例,各据所闻而并载其事。诸公同为节斋公后,既传有是言,必非无故,宜皆崇祀家庙焉。是否有当,俟贤明出详考而辨正之,则余之所厚望也夫。

光绪丙子(1876年)岁冬月

十三世孙佩珍敬述[1]

叙

闻之谱例,云修谱之期,三十年大修,十五年小修。吾族谱牒自清光绪癸卯年(1903年)重修,至今已十八年,虽未届大修之期,而亦可以小修矣。

本年春,族议增修兹谱,命椿同司其事。椿考其世系以及事机,一切经我祖芝生公于丙子纂修时叙之至详,无庸赘述。自丙子以迄于今,复经两次修辑,求其如芝生公之能敬宗修谱、敦本兴仁之化者,实不多得。椿德不及,才不逮,兼之年任学校教务,身受束缚,不能为吾族任些仔肩,效芝生公于万一者,椿之愧深矣。

虽然,椿有所愧,椿尤窃有所异议[2]。夫吾族昔时,及以田产喜舍各寺院,而不另立义田以贻后学,殊失所宜。现后嗣绝少学人,将来未免贻讥固陋。爰商诸族众,议将祀田抽起数亩,以作书丁彩田,意图上进。特以商议未确,未敢附载谱内,以俟后之贤人君子妥议定章,热心兴学,庶几书香鹊起,宗祖显荣,是则椿之所厚望也夫。

中华民国己未岁(1919年)冬月

十五世孙树椿谨识[3]

秦屿丁姓回族谱序

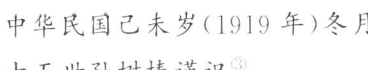

树有根,水有源,家有谱,国有史。有谱则世系不乱,善恶依然可

---

① 《丁氏宗谱》,1981年重修。
② 异议,原文为"异异"。
③ 《丁氏宗谱》,1981年重修。

辨；有史则是是非非确然不差。修谱之目的在于发扬中华民族传统，继承我族奋发图强，艰苦创业。激励晚辈团结一致，努力向上，再创我丁氏回族之辉煌。

根据史料并进行考察，确定秦屿所有丁姓回民皆来自泉州晋江陈埭。最早迁到秦屿的始祖是清顺治年间陈埭第十世祖象江公，之后，从十一世至二十世，相继迁居秦屿及其郊区的共有十七个不同房分。其中三个房分在打水岙，一个房分在巨口村，十三个房分分布在秦屿街，除克正公房在本街后岙外，其他一十二房皆聚集秦屿街尾，俗称"街尾丁"。第十七世、第十八世、第二十世迁秦人数较多，大部分在道光年间。

先祖居住陈埭的年代，经常往返于浙江一带贩卖蛏干，因遭遇台风，不时避风于秦屿港的打水岙。见之秦屿海湾滩涂面积大，风浪小，（当时秦屿海滩伸延至瓜园、虎头岗岭下）列祖依照发祥地陈埭围海造田的营生之道，认定秦屿乃围海塘、种早稻、养蛏苗、讨小海之良地。

迁秦丁姓各房祖先历尽沧桑，艰苦磨炼，以我族人不畏艰难险阻的坚强性格，施展先祖善于经营与生存的能力，在秦屿这块富饶肥沃的土地上成家立业，发家致富。当年，秦屿丁姓回民给人们留下的形象是："长辫子头顶盘，闽南话嘴边挂。赤双脚结裆穿，夜当日拼命干。"先祖早出晚归，吃苦耐劳，勤俭持家，个个是养蛏的行家，人人是种稻能手。光蛏干一项，每年就有万余斤销往浙江一带。每年"天秋早"，每户能收千余斤。（天秋早是一种珍贵的红米，吃起来满口余香）

经过几代人的不懈努力，我族人以精明的经商理念，用养殖种稻的积累做起小本生意，逐渐发展到二十世纪二三十年代定性的事业达到鼎盛时期，其时秦屿街有丁信美、丁乐记、丁泉记、丁济春、丁传庆、丁广顺、丁通盛等有名气的商号，为当时秦屿一带经济发展做出巨大贡献，名噪一时。故秦屿镇有"街尾丁"富裕昌盛之誉，与当年"城里王"、"半街王"齐名，流传于世。

一九三四年，一场无情的战火，将丁氏祖先几代人苦心营造的"街尾丁"家园毁于一旦。丁姓回民的经济遭受致命的打击，族人无所归宿，唯以茅屋栖身。

一九八二年，经国务院批准恢复回民身份。勤劳智慧的秦屿丁姓回民重振旗鼓，努力拼搏，再创辉煌。各家各户走富裕道路，出现兴旺发达的新局面。人才辈出,风气开通,每年数十名大中专毕业生奔赴科技、教育、商业、行政管理各种行业。为祖国做出贡献,为丁姓家族增光。

丁姓回民迁秦三百多年来,之前从没统一修过家谱,世系十分紊乱。直至一九八四年,方与苍南后隆族亲联合修谱。因"文化大革命"之浩劫,各房分小家谱祖先灵牌俱焚烧无存,考证失据,只好发动族众觅祖坟,找史料,进行拼凑,草率问世。事隔二十多年,因族人新一代的出世以及第一次修谱遗漏人丁甚多,为此,第二次修谱就刻不容缓了。第二次修谱从原来的二十七房,经调查考证,合并为廿一房,男女达两千人。这次修谱认真考证了吾族之渊源,充实了族谱的"源流"、"谱序"、"凡例"、"族规训言"、"行第小引"和"族贤录"等六个方面的内容。

秦屿丁姓回民不忘根源。民国初年,秀才丁如焕公倡议建立丁姓祠堂,甚得广大族人支持,但"斗志未酬身先死,长使族人望落空"。建立祠堂虽未成,然族众自发而起,在街尾设置一处"公妈厅",以供族人春秋二祀之场所。在"文化大革命"中破除"四旧"被迫废止。

我族人建祠意愿热心未泯,一九九七年,泉州陈埭丁姓族人慷慨解囊,一次性筹集人民币八万元,捐助秦屿丁姓建造祠堂。一九九九年,择回民豆制厂为基础动工,翌年完成主体一层,因资金不足及一些人为的障碍,暂时停工。为了让子孙万代报本追源,发扬美德,荣宗耀祖,众宗亲现已另选吉地,修建丁氏回族宗祠。孚望众族贤群策群力,不辱使命。我年已耄耋,久疏文墨,族心委托难违,聊以谱序。水平有限,错误难免,冀族众指正。

廿一世孙丁金满谱序[①]

凡　　例

一、为了让完全读懂宗谱,新修谱尽量应用现代语言、文字,努力做到言简意赅。

二、本谱世系图采用五世为一图,第五世只写名字,至第二图开始,将其名提至第六世之上,承上启下,以此类推。

---

① 《丁氏宗谱》,2006年重修。

三、新谱从廿五世始，秦屿丁姓宗族启用统一新的行第，详见本谱《行第小引》。

四、谱中大名之下还必须附上乳名、学名或当时申报户口的姓名等。

五、实行一夫一妻制，第一妻为元配，妻亡或离婚再娶者为次配、三配。凡入门媳妇都要写明姓名、出生年月日时、学历、职务、成就等，并注明生育子女情况。

六、女子也可以传宗接代，无男儿者，可选择一女，接于父辈名下，不管入赘或嫁出，女儿女婿及外孙、外孙女皆可入谱排列，承接传代。

七、出嗣者于本父支下仍列其名，小注出绍，或半绍，或兼嗣；承嗣者应另接嗣父名下，小注某公第几子入绍。随嫁母带入承嗣者为养子，从别姓抱养者为抚子，本宗子孙抱养于别姓者称出养。诸如上述之情形，须在其名下逐一注明。

八、歌颂先辈学优德贤有成就者，激励晚辈勤奋向上，增强民族自豪感，再创丁姓回民新辉煌。要求在新谱中，不论男女老幼，凡大专学历以上者、在部门担任领导职务者、公务人员、私营企业经营者、从戎报国者，或学名成就、重大贡献者、德高望重者，或热心宗族事务者都应将其事迹全部入谱，列其名下。并汇编《秦屿丁姓回民宗亲族贤录》。

九、本宗亲迁往外地定居者，必须在谱中注明详细地址，便于联系，不忘根源。

十、对现有的祖坟及未来的喜圹寿域，须载明山名、坐向分金。若置用公墓，也应注明地名、台号，以便后人铭记祭祀。

十一、各房份均以迁秦始祖之大名为房号。总谱则依据行辈，按顺序编排。①

纂修丁姓回族谱序

煌煌乎莫远之星也，而北辰为之主；洋洋乎无穷之水也，而沧海为之主。盖北辰于天，而沧海居地，人居天地之间，以遥遥之祖宗为主。诚知其所生而继序不忘者，在乎自为之也。盖继序之道，数传繁衍，苟

---

① 《丁氏宗谱》，2006 年重修。

不图之以谱,将见原本无稽,分位难免紊乱;迁徙愈散,名号必致混淆。纯系前者,劣学人也,保无如崇韬认汾阳之墓,彭齐并彭旰之牒也哉!

才干无征,修谱有志,寻支搜派,不辞艰辛,汇稿写丁,无嫌烦劳,一木难支大厦,周年莫获。遽完时遇两千零五年,历岁逢共和乙酉桂秋,有识之者倡议修谱之举。当即筹集理事会,推荐年长者为顾问,选拔智囊者以共谋。第廿四世裔孙宗识与廿五世裔孙友进等分任其事,而彼俱洞达事理,亦从之众等,凝神贯注,为牒中补阙拾遗,诸族内不出百天完成草创。遂①将初稿和旧谱合,付与谱师而修梓之,俾令支派缕析②,血脉贯通,字讳不淆,尊卑有序。前不患其远而难稽,后不虑其散而莫稽。虽有迁居他乡,移徙异地者,而按谱以稽,森然有序,犹如星宿之罗列,无不旋绕于北辰;行潦之潆流,无不汇归于沧海也。

后之为子若孙者,苟能有木本水源之思,敦宗睦族之雅,谊殷殷焉,精益求精,以匡吾修谱所未逮,是余之所深愿也夫。谨为序。

公元二零零六年岁次丙戌季夏吉旦③

(二)字辈行第

行　　第

自十三世起名行

万君成继　尚晋永开　锦学振宗　中良迪后　兴发祥瑞
延达远强　平和守礼　善施义方　宏贤经书　耀祖显扬
字行
光国士友　希仲致维　玉志矜式　奕代昌荣　斧洁慈恩
环珠瑶球　好仁积德　祝庆千秋　大传宽恕　家声长流④

排行小引

窃见长幼尊卑,贵乎有序;富贵贫贱,无歧其情。间尝仿立谱之意,

---

① 遂,原文为"遽"。
② 析,原文为"晰"。
③ 《丁氏宗谱》,2006年重修。
④ 《丁氏宗谱》,1984年重修。

酌定行序。虽族大人繁,离居散处,若执册命名,其著代可考而知。难会族属于一统,而称谓不淆者乎。故曰长幼之序明,然后尊卑之分定。彼虽贫,皆吾同宗也,无得以富而相加;彼虽贱,与我同祖也,无得以贵而相凌。盖由排行之义审也。

吾家自初世以来,屡遭兵燹,族人俱流散于四方,尔时随意取号表,字鲜有同者。迨至七世祖取名定义,通族划一,于今八世,现在可稽,一经剖示便自明耳。其行序云:"万君成继尚晋永开。"又号序云:"光国士友希仲致维。"即此往事,足见先人之用心。苟不起而承之,曷以昭兹来许?

今复定八代行列,以便后嗣命名,庶不至涣而无纪。所议惟何?曰:"锦学振宗中良迪后。"又号序曰:"玉志矜式奕代昌荣。"若此者,可以继往开来,历久弗替。尊祖睦族之道,端在是矣,又何虑世远年湮而族人之心不一也哉。

嘉庆十六年(1811年)岁次辛未闰三月上浣

松齐氏教读之暇撰于双溪二虚斋中①

行第小引

秦屿丁氏回民,自迁秦以来,一致没有统一修族谱,子孙名行、字行都由各房自由命取。因行第不一,宗族之中遂有尊卑不分,祖孙、叔侄、兄弟同名者比比皆是。新修谱牒从廿五世开始,子孙一律按以下名行、字行辈分次序排列,各房不得另取行第。所谓名第,即幼年时长辈按其名行辈分取大名。所谓字行,即成人之后按其字行辈分取表字。

名行:中良迪后　兴发祥瑞　延达远强　平和守礼
　　　善施义方　宏贤经书　耀祖显扬
字行:奕代昌荣　圣洁慈恩　玉珠瑶球　好仁积德
　　　祝庆千秋　大传宽恕　家声长流②

---

① 《丁氏宗谱》,1984年重修。
② 《丁氏宗谱》,2006年重修。

(三)宗祠建设

建祠论功表

宗祠之建,族人皆归功于予,夫予则何功之有?君长辈而出名,主事者则有继讲公,持名论而和解众议者则有希孟公,同声赞成若晋云叔、晋沅叔、晋意叔、永合兄、晋黎叔、晋戡叔亦有征劳焉。至捐资相助,则各房诸董事之心呼耶!许而运沙石则合族诸壮之力所赖,以协议购料鸠工庀材而踊跃从事者,则有晋际叔、永栽兄、开发侄、永构兄,其人在焉。独居胆力协理诸务,则有晋抽叔,其人在焉。予不过为之总大纲以观厥成而已,予何功!

裔孙佩珍奉族人命谨志①

重建闽泉丁氏宗祠碑记②

《礼》:"大夫三庙。"丁氏宗祠,则梧州守槐江公承父命续先构,而今计部光元君拓之。不称庙而称祠,何此世数享尝之,外崇追远之祀者也。之先自洛入闽,曰节斋公者,居郡城文山里。三传至硕德公,徙居陈江,遗命诸子,即所居营焉。瓜瓞日蕃,循沿三百余载。

嘉靖庚申岁,毁于兵,封承德公传之,语梧州公曰:"不可以当吾世而湮宗祠。"梧州公捐金营建,广大如旧,犹歉于未备,而谆谆嘱其子也。顷计部君谒告归,聚族而谋,佥谓是役也,巨匪群力弗济。计部君慨然曰:"父命之矣,吾乌敢自爱其力?"悉罄禄余,规画详悋。族人附祠而舍者,咸愿以地归焉。君愿输其值③拓④祠地,周围可七十余人。综其数几千余金,五阅月而告竣事。门庑轩敞,寝室靓邃,庭墀闳豁,飨馈有室,斋庖有所。族姓七千余指,群集序别,尊者司祼献,卑者职趋跄。飨奠既毕,宴⑤饮而落之。则相与扬觯言曰:夫蓄积深者,疏为众派。枝

---

① 《丁氏宗谱》,1984年重修。
② 《丁氏宗谱》,1984年重修。
③ 值,原文为"直"。
④ 拓,原文为"姤"。
⑤ 宴,原文为"晏"。

叶茂者,庇及本根,以吾之祠于兹土也。自承德公而下,营之凡三世,乃今赫赫奕奕,逾用改观,惟宗祊实嘉赖之。吾侪朝夕于斯,异日者永奉俎豆于斯,其又敢忘大德!原图刻石志之,而司理宁文君将其长老命来委记于翔。夫庙祀隆杀,以世数为限。议者谓服尽之祖,远而不祭,有后之宗,疏而不附。顾孝子顺孙,永言嗣续,其曷有涯欤!《礼》云:"致爱则存,致悫则著。"祖先栖神之宅,英爽胚甒,世世灵承。其为存且著,孰大焉?徒援庙制,自抑杀而委诸榛莽,夷为寝室也。水源木本之思,宁无感怆?盖礼教坠而习俗锢,至有执政大臣祭于私寝,为法官弹纠。烦人主敕代营庙者,宋公庠发奋陈疏,著为令式。维时在位公卿,自文公而外,未闻有相踵感奋者也。冠绅荐享,下同委巷,矧寥寥远祖。

今承德公追远一念,子若孙克缵绪而恢张之,且今丁氏之子姓,骏奔对越者,仰思祖德,俯笃本支,是报本之孝,睦族之仁,一举两得也,于以风世厚矣。抑《楚茨》之诗有之,"神保是格,(报)以介福"。而是祠有福征二焉,祠面汇流曰之告成也,海潮三至其下。祠旁有柏树,一夕,产奇葩数本,观者诧为异祥。丁之族人,咸欣欣相告曰:"吾祖祠报成,赐于计部君,而锡厥祉,以逮诸宗也。"夫承德公之子若孙若曾孙,三以科第起矣,而皆用敦行世。其家金闱我昌君,乡进士德昌君,亦质有文武者,大于公之门炽。万石之阀,方且未艾。不佞于计部君有厚美焉,爰乐为之记。

万历二十八年(1600年)庚子重阳吉旦

赐进士及第,资政大夫、南京礼部右侍郎,太子少保,

赠尚书年家眷弟黄凤翔顿首拜撰

祀田记[①]

今之祭祀田,昔之义训产也。稽我始祖谧斋公,自闽省陈江徙居瓯东昆邑,设立义训,佑启后人,不致愚卤。约计其田有百六十余亩,讵止此数段而已哉!溯自我清定鼎之初,其时海氛山寇交集,侵掠边地,擒获富民以助粮饷。尔时吾族之声名颇闻于五邑,其族中声名之稍著者,无不被获。是以各家之产业变易殆尽,不足以偿,义训之田亩山场,悉

---

① 《丁氏宗谱》,1984年重修。

将废弃。而且山海交江日盛,民不安息,官兵劳于战守,朝议将沿海之地迁为界,外以作荒凉无人之境,移民于界内,族人俱流亡于四方矣。

至康熙九年(1670年)间,内地稍宽界限,吾族伯叔兄弟幸得故土而耕植焉。不意康熙十三年(1674年)甲寅耿寇大乱,人民苦于征徭而没于战场,不知凡几。当是之时,有以通漏出首,害及族兄弟者皆拘拿①待罪。谁知伪官亦有秉公而爱民者,审断释归。其时势若是,人惟救死而恐不赡,奚暇言及此哉!洎乎丙辰,伪耿授②首,山海敉③宁,族人散而复集,渐以旋归聚首栖迟,或于岁时燕乡间,或于课雨占晴时,言及此田,追想祖德宗功,欲汇集田段以继其志。因谋诸父老之识者踏明未易之田,仅得一十七亩五分,又散轶诸户,逐一理还,登时升报。蒙县宪石吴前后论准,即一十七亩五分,官完课,立作祀田,以报先公之功德。但经离乱之后,族人初归,复此产业,须费钱文。房分不均,难以照派。爰议聘定八房捐用,历年祭祀亦依房数轮流。业既告祖,拈阄排定次序,参酌公平配搭,亲疏长幼,各随造化。值祭毋许觊觎,纷更有其远出未归者,他日归来,果系同祖,燕乡间只许共饮福酒,不得争轮祀田,致乱旧规。

溯自康熙己巳年(1689年),迄今乾隆庚申岁(1740年)裡,享五十有二祀矣。几经换轮,毫无异议。缘宗祠未建,义训未立,族议将此田承与他人,得札根银若干,并园山地基店屋诸租项汇收,拟放如是者有年,庶乎积累丰厚,始足建祠立学,克绍先公之志者矣。

乾隆五年(1740年)岁在庚申季春月上浣
西房七十七□惺夫氏万英撰于松山二虚斋中

三、族谱与地方社会秩序

宗谱是宗族精神的体现,丁氏回族修撰宗谱是宗法制度生存与发展的需要,它不仅顺应了名门望族编修族谱、光耀门楣的心理,也蕴含了对社会秩序的维护。

---

① 拿,原文为"攀"。
② 授,原文为"受"。
③ 敉,原文为"敦"。

(一)宗族规约

族规训言

一、尊祖。修族谱,建秦屿丁姓回族宗祠,每逢清明、"七月半"两节祭祀列祖列先,不忘根源。每年正月十五、四月廿五日及冬至分别三次派员前往陈埭祖籍地扫墓、祭祖,报根追源。

二、孝悌。尊重长辈,听从教导。孝敬父母,尽其孝道。爱护兄弟,团结协作。

三、育才。百事俱兴,教育为本。大力嘉奖族房中勤读好学者,个个勤学,人人上进。为国家造就栋梁,为丁氏荣宗耀祖。

四、妇行。贤惠良为妇道之美德。正确处理婆媳、妯娌、姑嫂之间关系,自尊自爱,宽容大度,建立幸福和睦大家庭。

五、训子。教育子女,讲文明,懂礼貌,勤学习,求上进。严禁偷盗、吸毒、赌博等恶劣行为。发扬我丁姓历代宗亲刻苦攻读,勤劳耕耘,忠厚善良的优良传统。

六、敬老。继承我中华民族传统美德。尊敬老人,体贴老人,关心老人疾苦,为老人排忧解难,为老人办实事。

七、敦族。我族宗亲之间相处,不论年龄大小,切勿以官压民,以强凌弱,以富欺贫。

八、睦邻。邻居乡里必须以礼相待,心平气和,互相关心照顾,互相支持帮助。情系梓里,共建美好家园。[1]

约　　据[2]

窃以清明佳节,祭扫封坟茔,尽人皆然,其间有不立祭产者,都不能垂久。而祀业太多,多者又有争夺祭祀之弊。兹因温平三十七都厚隆丁宅原有祀田一十七亩五分,官步收得租谷共六十袋,自康熙己巳年俱作八房轮流,其享祖先之利益者甚多。直至今岁,而诨语更甚。因于清

---

[1] 《丁氏宗谱》,2006 年重修。
[2] 《丁氏宗谱》,1984 年重修。

明次日会议，详考众簿，记载庚申所增者系示无嗣，然其中无嗣者补少，而远居者亦多。倘复增入，其余不得不入，则竞端何时休息？故从公妥议，自本岁以后，仍依前例，八房轮流，其余永不许复生承代之议，以启后来之争端云尔。难衮门下不鄙末学，爰嘱秉笔以示后焉。通族众等议立。

乾隆二十年（1755年）岁在乙亥花月

瑞邑郑大南书

（二）族谱见证地方历史

感纪旧闻

嘉靖丙申岁（1536年），余方弱冠，读汾祖所遗二谱序，嗟其书之未就，窃期以成其书。从伯父讳博，字遵厚，嘉予之有斯志也，出所藏毅祖手书裱褚一幅，高尺许，长几二尺，草书寸余大，百余字，纪吾家由来之系示余。其起句曰："由赛典赤回赡思丁云云。"当时见闻寡昧，不识赛典赤何义，妄以意度番地番语，难于史册稽也。继阅郡志，得赡思丁乃元县佐之官名。"丁"，若以官为氏，难究其佐孰县之人而祖之矣。于是依序中语，断以节斋公为始祖，以上不复考其由来也。故于赛典赤丁之云，置之而不究。

近得李氏《因果录》读之，中载《将官章》曰："赛典赤赡思丁，回人也，国言赛典赤，犹华言贵族也。仕元官，拜平章政事，行省云南，时萝槃苗叛，往征而有忧色。从者问其故，赡思丁曰：'吾非忧出征也，忧而曹锋镝或不幸而死者，又忧汝曹不能无劫掳平民者。'及次萝槃城，三日不降，诸将将尽攻。赡思丁不可，先使人以理论之，乃约降。越三日，又不降，诸将请进（兵）。赡思丁又不可。俄而卒有乘城者，赡思丁大怒，召万户责之曰：'天子命我抚绥云南，而未尝命杀戮也。汝无主将命，而擅进攻，何如？'命左右缚之。萝槃王闻而泣曰：'平章宽仁如此，吾拒之不祥。'乃举国出降。由是云南诸将翕然款附，莫肯有二心者。赡思丁居云南，又六年乃卒。百姓巷哭声相闻，交趾咸使致奠。凡五子九孙，皆官平章。"由此观之，赡思丁人有名者，县佐官称同其辞也。夫以赡思丁之宽仁，而膺子孙之贵盛，岂有不众多。及入我朝散处，去夷姓而以

其末字为氏,未可知也。

元前中华虽有丁姓,未必主回之教,吾家既教宗回回,而列祖世载宽仁,所谓似其祖者非耶!当毅祖公记载之日,去瞻思丁萝槃之抚,仅百余年,未必无据也。至养静公栗栗于撒氏戍卒之诬,过听曾社师,援丁度而祖之,以昭其裔不出于回回也。舍毅斋公之云,斯旧谱无序,其如于所习祖教不相蒙,何以吾家今日视之,非宽人之泽,未必宗支若此。余读斯录而兴遐思,岂其一脉之如线,冥冥之有属也。不然,何为使余心之勃勃也。漫录而示我后人,有四方之志者,博采而考之。

闽泉六世孙衍夏撰①

仁庵府君传

公讳善,字彦仁,仁庵其别号也。其先自苏州籍,居晋江之文山里。元至正末,随父大皋公徙居城南门外二十里许,是为陈江。今族姓枒居江上,公所贻也。公为人倜傥志大,以才略雄于里中。陈江故多巨姓,著代年远,自公居后,择一二门第相埒者与为宾礼,而诸族无不俯首承伏。环江居负海,而海潮所往来处,其地卤泻,宜生海错诸鲜,居民受产以为业,谓之海荡。沿海弥漫,一望数千顷,大约产以什计,公有七八,其二三则公与为宾礼者得之,而他不与焉。

国初更定版籍,患编户多占籍民,官为出格,稍右军、盐二籍,欲使民不病于为军而乐于趋盐。公抵县,自言有三子,愿各占一籍,遂以三子名首实而鼎立受盐焉。其地无盐之产,而有盐之征,公之意,第急于应令,然亦自知其后必繁衍,果可无累于斯役也。观此而公之慷慨好施可知矣。

时海内甫定,尚袭蒙古、色目人之旧,里社好为白莲会,摇惑众志,官虽厉禁,犹弗戢;有司廉公行谊,使纠于乡。公发雁沟诸党触禁,自请以官治之。新令方严,而犯纲者众,致狱岁久不能决。奏下刑部,逮公与诸党至京,连及公之长子俱系狱。按法,奏十人以上大罪不实,当论死。而诸党扬扬得志,希公父子瘐死狱中,即骸骨不能还址墓矣。会有写真者,高皇帝召写御容,酷爱其庚似,忌复为人传写,幽实于狱,一见

---

① 《丁氏宗谱》,1984年重修。

公,叹曰:"公非狱中人也,当有遐福。"索纸为公图小影片幅以遗公,且曰:"后当无忘余言。"是夜,(公)梦狱卒唱云:"北风吹倒玉栏杆,救出狱中苦难,还白头老子归去,始知天理循环。"唱数遍,歌声朗朗。公惊起,拊长子背曰:"传真者之言,岂固有验哉?"已而果大风陨部栏石。尚书检狱,察公冤。覆讯再四,阴置诸党仿作白莲社状,就众中褫其巾帼,诸党尽伏辜无辞。其狱奏闻,乃治诸党十八人编成,而出公父子于狱中。其小影夹置衣领中以行。公归,犹数十年,老于家,寿终八十有八。

　　论曰:夫观仁庵公,可不谓天道无亲,常与善人者哉!方公系狱论死,度生还无日矣,向非大风明公之冤,以傲夫司寇者,则囹圄之下,幽同屋蔀,何有于公之一死耶?今吾子姓食指数千,皆饱公之粒。夫苟不力为善,以不佑于天者,非公子孙也。申岁时瞻拜公像,见公时虽在狱中,而眉宇英气袭人,彼写真者得以鉴其貌,而验诸后,毫发不爽也。抑古之所谓有道者欤。

　　裔孙自申敬述①

(三)乡土诗文

恢复回族

　　吾幼不读书,长无阅谱,竟不知祖之由来。经迹陈埭,方知始祖系阿拉伯地区,于元代来中原行商传教,定居中原。屡经历代变革,支族散处于四方,造成冠汉恢复等等。自一九七九年四月廿一日,晋江县政府恢复陈埭丁氏为回族,并召开庆祝大会,电邀参加。我和振探、振亦三人前赴盛会,间细阅多方史料,略知一二。回后继陈埭之精神,群策群力,各献精力,遂组织史料,向上申报。于一九八零年八月九日平阳县政府正式批准我后隆丁姓为回族,并举行隆重庆祝大会,邀请陈埭亲堂丁国标、文猛、图强等人前来参加,以及后隆迁外支派如温州瑞安平阳的一市四县,亲堂千余人云集后隆。

　　由于县政府重视民族政策,并邀各级政府代表及各族代表欢聚一

① 《丁氏宗谱》,1984年重修。

堂,立时锣鼓喧天,炮声欢呼声响彻云霄。县委做报告,区长读批文,各族代表祝词,并公映电影,公演戏剧,温州市和浙江省广播电台对我恢复回族连续广播三天。可见政府之重视,各族之支持和团结是难以忘怀的,乘修谱之便,聊写几字作全族感谢之。

建海拜撰①

诗　赞

汉民畲民与回民,大家都是一家人。
好比同胞兄和弟,团结起来土变金。②

拜祖说

丁建海

离祖迁浙数百年,谒祖访亲心更坚。
畅谈两南乡情事,心心相印永绵绵。③

---

① 《丁氏宗谱》,1984年重修。
② 《丁氏宗谱》,1984年重修。
③ 《丁氏宗谱》,1984年重修。

后　　记

　　族谱文献是重要的地方文献资料,对正史有着重要的补充作用。对闽东地区的族谱文献进行收录整理并展开初步研究,对研究闽东地区的族群关系、社会变迁等具有重要的意义和价值。本书是在对太姥山地区收集来的民间文献进行整理的基础上完成的。从2017年初开始工作,至今已三年有余,整理文献工作之巨由此可见一斑。

　　本书由禄佳妮撰写上编中的"畲族的移居、族谱编纂与历史记忆",并编写下编中的钟氏畲族族谱资料;严丹撰写上编中的"回族的移居、族谱编纂与历史记忆",并编写下编中的丁氏回族族谱资料;胡舒扬录入整理并编写下编中的雷、蓝、李氏畲族族谱资料。

　　为便于读者阅读,我们对选录的族谱文献逐一加以标点处理。族谱文献中疑有错漏之处,在文中用夹注的方式加以更正,用脚注的方式加以说明。族谱文献资料中污损不清之处,在文中用"□"代替。在整理过程中,为保证忠实原文,我们反复做了认真细致的核对工作,但错漏之处仍在所难免,敬请读者指正、谅解。

编　者

2019年9月